COLEÇÃO

Big Data

GESTÃO
DE
BIG DATA

Prof. Marcão - Marcus Vinícius Pinto

Aviso de isenção de responsabilidade:

ISBN: 9798310276109

Selo editorial: Independently published

Sumário.

1   **PREFÁCIO.**   **9**

1.1   PÚBLICO-ALVO.   9
1.2   POR QUE ESTE LIVRO É ESSENCIAL?   10
1.3   POR QUE ADQUIRIR A COLEÇÃO?   10

2   **GESTÃO DE BIG DATA.**   **12**

2.1   DESAFIOS.   18
2.2   PROFISSÕES.   22
2.3   EXEMPLOS DE SUCESSO.   25
2.4   DIFICULDADES.   27
2.5   REQUISITOS.   28

3   **O BIG DATA E AS ESTRUTURAS DE DADOS RELACIONADAS.**   **32**

3.1   BANCOS DE DADOS RELACIONAIS.   33
3.2   BANCOS DE DADOS RELACIONAIS E O BIG DATA.   41
3.3   BANCOS DE DADOS NÃO RELACIONAIS.   43
3.3.1   NoSQL.   44
3.3.2   CHAVE-VALOR.   47
3.3.3   RIAK.   48
3.3.4   BANCOS DE DADOS DE DOCUMENTOS.   51
3.3.5   BANCOS DE DADOS COLUNARES.   55
3.4   BANCOS DE DADOS GRAFO.   59
3.4.1   NEO4J.   61
3.5   BANCOS DE DADOS ESPACIAIS.   63
3.5.1   SUÍTE POSTGIS / OPENGEO.   65

4   **COMO MELHOR GERENCIAR DO BIG DATA.**   **68**

4.1   O QUE SIGNIFICA GERENCIAR UM BIG DATA?   68

4.2 TOP ORIENTAÇÕES DO QUE FAZER E NÃO FAZER EM BIG DATA. **71**

4.3 DICAS PARA MELHORES RESULTADOS. **82**

5 **FERRAMENTAS E RECURSOS DE GERENCIAMENTO DE BIG DATA.** **87**

5.1 ETL VERSUS ELT. **87**

5.2 HADOOP VERSUS APACHE SPARK. **89**

5.3 DATA LAKES VERSUS DATA WAREHOUSES. **92**

5.4 APACHE HIVE VERSUS APACHE IMPALA. **93**

5.5 APACHE CASSANDRA VERSUS MONGODB. **96**

5.6 SERVIÇOS DE ARMAZENAMENTO EM NUVEM. **98**

6 **ARMADILHAS A SEREM EVITADAS PARA TER O MELHOR GERENCIAMENTO DE BIG DATA.** **101**

7 **CONCLUSÃO.** **107**

8 **BIBLIOGRAFIA.** **109**

9 **COLEÇÃO BIG DATA: DESVENDANDO O FUTURO DOS DADOS EM UMA COLEÇÃO ESSENCIAL.** **115**

9.1 PARA QUEM É A COLEÇÃO BIG DATA. **116**

9.2 CONHEÇA OS LIVROS DA COLEÇÃO. **117**

9.2.1 SIMPLIFICANDO O BIG DATA EM 7 CAPÍTULOS. 117

9.2.2 GESTÃO DE BIG DATA. 118

9.2.3 ARQUITETURA DE BIG DATA. 118

9.2.4 IMPLEMENTAÇÃO DE BIG DATA. 119

9.2.5 ESTRATÉGIAS PARA REDUZIR CUSTOS E MAXIMIZAR INVESTIMENTOS DE BIG DATA. 119

9.2.6 COLEÇÃO 700 PERGUNTAS DE BIG DATA. 119

9.2.7   GLOSSÁRIO DE BIG DATA.   120

10   DESCUBRA A COLEÇÃO COMPLETA "INTELIGÊNCIA ARTIFICIAL E O PODER DOS DADOS" – UM CONVITE PARA TRANSFORMAR SUA CARREIRA E CONHECIMENTO.   122

10.1   POR QUE COMPRAR ESTA COLEÇÃO?   122
10.2   PÚBLICO-ALVO DESTA COLEÇÃO?   123
10.3   MUITO MAIS DO QUE TÉCNICA – UMA TRANSFORMAÇÃO COMPLETA.   123

11   OS LIVROS DA COLEÇÃO.   124

11.1   DADOS, INFORMAÇÃO E CONHECIMENTO NA ERA DA INTELIGÊNCIA ARTIFICIAL.
       124
11.2   DOS DADOS EM OURO: COMO TRANSFORMAR INFORMAÇÃO EM SABEDORIA NA
ERA DA IA.   124
11.3   DESAFIOS E LIMITAÇÕES DOS DADOS NA IA.   124
11.4   DADOS HISTÓRICOS EM BASES DE DADOS PARA IA: ESTRUTURAS, PRESERVAÇÃO
E EXPURGO.   125
11.5   VOCABULÁRIO CONTROLADO PARA DICIONÁRIO DE DADOS: UM GUIA
COMPLETO.   125
11.6   CURADORIA E ADMINISTRAÇÃO DE DADOS PARA A ERA DA IA.   125
11.7   ARQUITETURA DE INFORMAÇÃO.   125
11.8   FUNDAMENTOS: O ESSENCIAL PARA DOMINAR A INTELIGÊNCIA ARTIFICIAL.   125
11.9   LLMS - MODELOS DE LINGUAGEM DE GRANDE ESCALA.   126
11.10 MACHINE LEARNING: FUNDAMENTOS E AVANÇOS.   126
11.11 POR DENTRO DAS MENTES SINTÉTICAS.   126
11.12 A QUESTÃO DOS DIREITOS AUTORAIS.   126
11.13 1121 PERGUNTAS E RESPOSTAS: DO BÁSICO AO COMPLEXO– PARTE 1 A 4.126
11.14 O GLOSSÁRIO DEFINITIVO DA INTELIGÊNCIA ARTIFICIAL.   127
11.15 ENGENHARIA DE PROMPT - VOLUMES 1 A 6.   127
11.16 GUIA PARA SER UM ENGENHEIRO DE PROMPT – VOLUMES 1 E 2.   128
11.17 GOVERNANÇA DE DADOS COM IA – VOLUMES 1 A 3.   128
11.18 GOVERNANÇA DE ALGORITMOS.   129
11.19 DE PROFISSIONAL DE TI PARA EXPERT EM IA: O GUIA DEFINITIVO PARA UMA
TRANSIÇÃO DE CARREIRA BEM-SUCEDIDA.   129

11.20 Lɪᴅᴇʀᴀɴça Iɴᴛᴇʟɪɢᴇɴᴛᴇ ᴄᴏᴍ IA: Tʀᴀɴsfᴏʀᴍᴇ sᴜᴀ Eǫᴜɪᴘᴇ ᴇ Iᴍᴘᴜʟsɪᴏɴᴇ Rᴇsᴜʟᴛᴀᴅᴏs. **129**

11.21 Iᴍᴘᴀᴄᴛᴏs ᴇ Tʀᴀɴsfᴏʀᴍᴀçõᴇs: Cᴏʟᴇçãᴏ Cᴏᴍᴘʟᴇᴛᴀ. **129**

11.22 Bɪɢ Dᴀᴛᴀ ᴄᴏᴍ IA: Cᴏʟᴇçãᴏ Cᴏᴍᴘʟᴇᴛᴀ. **130**

12 SOBRE O AUTOR. **131**

13 COMO CONTATAR O PROF. MARCÃO. **133**

13.1 Pᴀʀᴀ ᴘᴀʟᴇsᴛʀᴀs, ᴛʀᴇɪɴᴀᴍᴇɴᴛᴏ ᴇ ᴍᴇɴᴛᴏʀɪᴀ ᴇᴍᴘʀᴇsᴀʀɪᴀʟ. **133**

13.2 Pʀᴏf. Mᴀʀᴄãᴏ, ɴᴏ Lɪɴᴋᴇᴅɪɴ. **133**

1 Prefácio.

Bem-vindo à era do Big Data, onde os dados se tornaram o coração pulsante de decisões estratégicas e transformações globais. Com volumes inimagináveis de informações sendo geradas a cada segundo, a capacidade de gerenciar e interpretar esses dados não é apenas um diferencial competitivo, mas uma necessidade fundamental para profissionais e organizações que desejam prosperar em um mundo cada vez mais orientado por dados.

Este livro, "Gestão de Big Data", é parte da coleção "Big Data", e foi concebido para atender a um público diverso e ambicioso, de analistas de dados iniciantes a gestores experientes.

1.1 Público-alvo.

Ele é especialmente indicado para:

- Gestores de TI e Analistas de Dados, que buscam compreender as melhores práticas para gerenciar grandes volumes de informações de forma eficiente.

- Profissionais de Inteligência Artificial e Machine Learning, interessados em explorar como as estruturas de dados suportam soluções tecnológicas avançadas.

- Estudantes e Pesquisadores de Tecnologia, que desejam consolidar seus conhecimentos sobre bancos de dados relacionais e não relacionais, além das ferramentas mais modernas de análise e processamento.

- Empreendedores e Tomadores de Decisão, que precisam transformar dados em insights estratégicos para impulsionar seus negócios.

1.2   Por que este livro é essencial?

Com uma abordagem prática e organizada, esta obra oferece uma visão abrangente do universo do Big Data. Desde os desafios de gerenciar grandes volumes de dados até as soluções inovadoras que têm transformado empresas em casos de sucesso, cada capítulo foi cuidadosamente estruturado para fornecer uma base sólida e aplicável ao leitor.

Ao longo dos capítulos, você encontrará:

- Análises Profundas e Exemplos Reais: Entenda como empresas de diferentes setores têm superado desafios utilizando estratégias inteligentes de Big Data.

- Ferramentas e Comparações Esclarecedoras: Explore tecnologias como Hadoop, Apache Spark, MongoDB e serviços de armazenamento em nuvem, com explicações sobre seus usos e diferenças.

- Estratégias Práticas e Armadilhas a Evitar: Aprenda o que fazer e, mais importante, o que não fazer ao implementar soluções de Big Data.

A cada página, você será guiado por uma jornada que vai desde os fundamentos das estruturas de dados até os segredos para um gerenciamento eficaz, passando por orientações práticas, dicas valiosas e insights baseados em anos de experiência.

1.3   Por que adquirir a coleção?

Se este livro é o ponto de partida para dominar a gestão de Big Data, a coleção "Big Data" oferece um mergulho ainda mais profundo nos diversos aspectos dessa fascinante área.

Desde a implementação até a administração e governança, cada volume complementa o outro, criando uma biblioteca indispensável para quem busca dominar o futuro dos dados.

Então, prepare-se para explorar, aprender e transformar sua perspectiva sobre dados. Este livro não é apenas uma leitura, mas um passo essencial para o seu crescimento pessoal e profissional.

Prof. Marcão - Marcus Vinícius Pinto

Mestre em Tecnologia da Informação
Especialista em Tecnologia da Informação.
Consultor, Mentor e Palestrante sobre Inteligência Artificial,
Arquitetura de Informação e Governança de Dados.
Fundador, CEO, professor e
orientador pedagógico da MVP Consult.

2   Gestão de Big Data.

O Big Data, conforme amplamente discutido neste livro, está se estabelecendo como elemento chave na forma de trabalho das empresas que têm condição de se valer da velocidade das redes para resolver problemas específicos com seus dados.

Mas, apesar de todos os benefícios e vantagens desta abordagem já tratados neste livro, o Big Data não vive isolado. A figura a seguir ilustra a complexidade da arquitetura de persistência de Big Data.

Para obter bons resultados as empresas precisam ser capazes de combinar os resultados da análise de Big Data com os dados existentes dentro da empresa. Assim, não se pode pensar em Big Data isoladamente das fontes de dados operacionais.

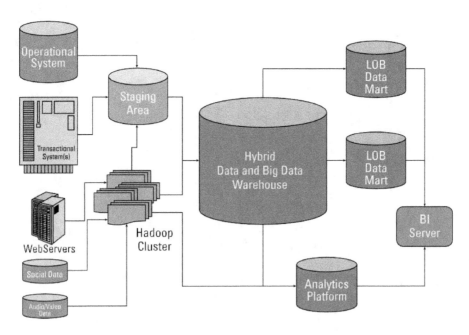

Arquitetura de persistência de Big Data.

Há no mercado vários serviços de dados operacionais importantes. Um dos serviços mais importantes fornecidos por bancos de dados operacionais (também chamados de armazenamentos de dados) é a persistência.

O serviço de persistência garante que os dados armazenados em um banco de dados não serão alterados sem permissões e que estarão disponíveis enquanto forem importantes para o negócio.

A importância deste serviço é diretamente proporcional à confiabilidade esperada, pois qual a utilidade de um banco de dados se não se pode confiar nele para proteger os dados nele gravados?

Outro ponto que merece análise é o tipo de dados que a empresa deseja manter, como pode acessá-los e atualizá-los e como usá-los para tomar decisões de negócios. Nesse nível mais fundamental, a escolha de seus mecanismos de banco de dados é crítica para o sucesso geral com a implementação de Big Data.

Durante os primórdios do armazenamento de dados persistentes, surgiu um marco importante na forma como as informações eram organizadas e gerenciadas: o sistema de gerenciamento de banco de dados relacional, também conhecido como RDBMS (do inglês, Relational Database Management System).

Antes do advento do RDBMS, a indústria de computação fazia uso de técnicas que, ao olhar retrospectivamente, podem ser consideradas primitivas em relação à persistência de dados. Essas abordagens iniciais muitas vezes envolviam estruturas de dados e métodos de armazenamento que não eram tão eficientes ou flexíveis quanto os encontrados nos modernos sistemas de gerenciamento de banco de dados.

No entanto, com o surgimento do RDBMS, um novo paradigma de armazenamento de dados foi estabelecido. Em vez de abordagens lineares e rígidas, o RDBMS introduziu um modelo relacional, baseado em tabelas, colunas e relacionamentos definidos. Isso permitiu uma organização hierárquica e estruturada dos dados, tornando mais fácil gerenciar e acessar informações complexas.

Além disso, o RDBMS trouxe consigo uma linguagem específica para consulta de dados, conhecida como SQL (Structured Query Language). Essa linguagem simplificou a interação com o banco de dados, permitindo que os usuários realizassem consultas complexas e manipulassem os dados de maneira mais eficiente.

Com o surgimento do RDBMS, as empresas puderam aproveitar a capacidade de armazenar grandes volumes de dados de forma organizada e segura. Essa tecnologia revolucionou a forma como as empresas gerenciam informações, possibilitando a criação de aplicações mais robustas e de alto desempenho.

No entanto, é importante ressaltar que o RDBMS, apesar de ser um avanço significativo, continua evoluindo. Novas tecnologias, como bancos de dados NoSQL e sistemas de gerenciamento de dados distribuídos, têm surgido para atender às demandas crescentes por escalabilidade e flexibilidade.

Essas tecnologias, juntamente com o avanço da computação em nuvem e a utilização de arquiteturas distribuídas, estão moldando o futuro do armazenamento de dados persistentes. A era digital em que vivemos demanda soluções cada vez mais sofisticadas e adaptáveis, capazes de lidar com a vastidão de informações geradas diariamente.

O problema relacionado à substituição do armazenamento de dados toma uma grande dimensão quando se compara a tarefa com a ideia de "trocar os motores de um avião em pleno vôo". Antes de 1980, o armazenamento de dados era predominantemente realizado por meio de mecanismos como "arquivos simples" ou "rede".

Embora esses métodos fossem úteis em sua época, eles apresentavam uma limitação significativa: exigiam que os programadores escrevessem programas personalizados para manipular cada conjunto de dados.

Essa abordagem personalizada de manipulação de dados resultava em uma carga de trabalho adicional para os programadores, uma vez que eles precisavam desenvolver e manter programas específicos para cada tipo de dado que desejassem armazenar. Isso não apenas consumia tempo e recursos, mas também tornava o processo propenso a erros e dificultava a adaptação às mudanças nas demandas e estruturas de dados.

O surgimento dos sistemas de gerenciamento de banco de dados relacionais (RDBMS) representou uma solução significativa para esse problema. Esses sistemas introduziram um paradigma inovador, baseado em uma abordagem relacional por meio de tabelas, colunas e relacionamentos definidos. Dessa forma, foi possível armazenar dados de forma mais organizada e estruturada, reduzindo a necessidade de programação personalizada para manipulá-los.

Com o RDBMS, os programadores agora podiam utilizar uma linguagem padronizada, como SQL, para realizar consultas e manipulações em seus dados. Isso trouxe uma maior eficiência, flexibilidade e facilidade de uso, permitindo que as empresas se concentrassem mais na lógica de negócios e menos na complexidade da manipulação direta dos dados.

O RDBMS trouxe recursos avançados, como integridade referencial, transações ACID (Atomicidade, Consistência, Isolamento e Durabilidade) e otimização de consultas. Essas funcionalidades adicionais melhoraram tanto a confiabilidade quanto o desempenho do armazenamento e recuperação de dados, proporcionando um ambiente de trabalho mais seguro e eficaz para as empresas.

No entanto, é importante destacar que a substituição do armazenamento de dados existente por um novo sistema não é algo trivial. O processo de migração de dados pode ser complexo e requer um planejamento cuidadoso. É como trocar os motores de um avião em pleno voo, pois qualquer interrupção ou falha no processo pode levar a perda de dados ou até mesmo ao colapso completo do sistema.

Nesse sentido, muitas organizações encontram o desafio de modernizar seus sistemas de armazenamento de dados sem interromper as operações em andamento. Estratégias como a migração gradual e em fases podem ser adotadas para minimizar os riscos e garantir uma transição suave.

Nas últimas décadas, também surgiram novas tecnologias e abordagens de armazenamento de dados, expandindo o horizonte além do modelo relacional dos RDBMS. Os bancos de dados NoSQL, por exemplo, oferecem alternativas flexíveis e escaláveis para o armazenamento de dados, especialmente em cenários em que há uma grande variedade de tipos de dados ou requisitos de escalabilidade horizontal.

Além disso, o uso de sistemas distribuídos, como o Hadoop e outros frameworks similares, permite o processamento e armazenamento de grandes volumes de dados em clusters de servidores, aproveitando a capacidade de processamento paralelo. Essas soluções são especialmente adequadas para lidar com o crescimento exponencial dos dados no mundo digital moderno.

Com a chegada do Big Data, houve um aumento significativo no volume, na variedade e na velocidade dos dados gerados pelas organizações. Esse novo panorama trouxe desafios substanciais para o gerenciamento dos sistemas de banco de dados relacionais (RDBMS), tornando sua complexidade ainda maior.

Uma das principais complicações é lidar com o crescimento exponencial do volume de dados. Enquanto os RDBMS tradicionais foram projetados para lidar com conjuntos de dados de tamanho moderado, o Big Data excede em muito essas capacidades. Empresas de diversos setores, como varejo, finanças, saúde e mídia, estão enfrentando a necessidade de armazenar, processar e analisar petabytes ou até mesmo exabytes de dados.

Essa massa de informações requer uma abordagem diferente, pois os RDBMS convencionais podem apresentar limitações em termos de escalabilidade. É nesse contexto que surgem tecnologias como os bancos de dados NoSQL (Not Only SQL) e os sistemas de gerenciamento de fluxo de dados em tempo real. Essas soluções são projetadas para lidar com grandes volumes de dados e permitir uma escalabilidade horizontal eficiente, distribuindo o processamento e o armazenamento em vários servidores.

Além do volume, a variedade de dados é outro desafio decorrente do Big Data. Enquanto os RDBMS tradicionais trabalham com esquemas bem definidos e estruturas regulares de tabelas, o Big Data traz a necessidade de lidar com diferentes formatos de dados, como texto, imagens, áudio, vídeo, dados de sensores, redes sociais, entre outros. Essa diversidade requer a adoção de tecnologias de armazenamento e processamento que possam lidar com esquemas flexíveis e semânticas variadas.

A velocidade em que os dados são produzidos e devem ser processados também é um fator crítico do Big Data. Com a necessidade de análises em tempo real, os sistemas de gerenciamento de banco de dados precisam ser capazes de lidar com altas taxas de ingestão de dados e fornecer resultados rapidamente. A latência se torna um desafio e pode atingir níveis críticos quando se trata de processar dados em tempo real.

Para enfrentar esses desafios, surgiram tecnologias e soluções específicas para o gerenciamento do Big Data. Os sistemas de processamento distribuído, como o Hadoop e o Spark, permitem o processamento paralelo de grandes conjuntos de dados em clusters de servidores. Essas plataformas escaláveis e tolerantes a falhas são especialmente projetadas para lidar com a complexidade e o volume do Big Data.

Além disso, os bancos de dados NoSQL, como os baseados em documentos, colunas, grafos e chave-valor, oferecem flexibilidade e escalabilidade para lidar com diversos tipos de dados e alta demanda de acesso. Essas soluções não seguem o modelo relacional dos RDBMS, permitindo uma estruturação mais flexível e adaptável às necessidades do Big Data.

No entanto, ao adotar essas novas tecnologias, as organizações são confrontadas com o desafio adicional de integrar e gerenciar múltiplos sistemas de gerenciamento de dados. A complexidade aumenta à medida que os dados são dispersos em diferentes plataformas e é necessário garantir a consistência e a integridade em todo o ecossistema de dados.

A segurança também é um aspecto crítico que ganha maior complexidade com o Big Data. O aumento do volume e da variedade de dados traz consigo um maior risco e a necessidade de adotar medidas de proteção mais robustas. O gerenciamento adequado de acessos, a criptografia dos dados e a implementação de políticas de segurança se tornam imprescindíveis para evitar violações de dados sensíveis.

2.1 Desafios.

A chegada do Big Data trouxe, então, um novo conjunto de desafios para o gerenciamento dos sistemas de banco de dados relacionais. O aumento do volume, da variedade e da velocidade dos dados exigiu a adoção de tecnologias e soluções específicas, como bancos de dados NoSQL e sistemas de processamento distribuído.

No entanto, a complexidade crescente do gerenciamento do Big Data requer uma abordagem cuidadosa e estratégica para garantir a integração, a segurança e o desempenho eficientes. É essencial que as organizações compreendam a paisagem em constante evolução do Big Data e estejam dispostas a investir em recursos e expertise para enfrentar seus desafios.

A implementação de estratégias adequadas para lidar com a complexidade do gerenciamento dos RDBMS diante do Big Data é crucial. Isso inclui a integração de sistemas, a adoção de soluções de armazenamento e processamento distribuídos, e a utilização de técnicas avançadas de segurança e governança de dados.

A integração de sistemas é um aspecto fundamental para garantir que os dados estejam disponíveis e acessíveis em todo o ambiente de Big Data. Isso inclui a criação de pipelines de dados eficientes, conectando diferentes fontes e sistemas de gerenciamento, de forma a garantir a integridade e a qualidade dos dados ao longo do processo.

Além disso, é necessário adotar soluções de armazenamento e processamento distribuídos que possam lidar com a escala e a velocidade do Big Data. Isso envolve a utilização de clusters de servidores, onde o processamento é distribuído e paralelizado, permitindo uma maior capacidade de lidar com grandes volumes de dados e fornecer resultados em tempo real.

A segurança de dados no contexto do Big Data também não pode ser desprezada. Com a diversidade e a quantidade de dados envolvidos, é essencial implementar medidas de segurança efetivas. Isso inclui a autenticação e a autorização de acesso aos dados, a criptografia de informações confidenciais e a implementação de práticas sólidas de segurança cibernética.

Além disso, a governança de dados desempenha um papel crucial no gerenciamento do RDBMS no contexto do Big Data. É necessário estabelecer políticas e práticas que garantam a qualidade, a consistência e a conformidade dos dados. Isso envolve a definição de padrões de nomenclatura, a implementação de processos de qualidade de dados e o estabelecimento de regras de governança claras para garantir a confiabilidade e a integridade das informações.

A gestão do big data tem se tornado um desafio cada vez mais complexo no mundo atual. Com o crescimento exponencial da quantidade de dados disponíveis, as empresas têm que lidar com uma série de obstáculos para extrair valor e obter insights significativos dessas informações. Neste texto, exploraremos alguns dos desafios mais comuns enfrentados na gestão do big data e as possíveis soluções para superá-los.

Um dos primeiros desafios da gestão do big data é a coleta e o armazenamento adequados dos dados. Com a diversidade de fontes de dados, como redes sociais, sensores, transações financeiras, entre outros, é importante ter um sistema robusto para capturar e armazenar todas essas informações. Isso requer infraestrutura de hardware e software adequadas, planejamento de capacidade e estratégias de backup eficientes.

Outro desafio significativo é lidar com a variedade de dados. O big data muitas vezes é composto por informações estruturadas e não estruturadas, como texto, imagens, vídeos e áudio. A gestão eficaz do big data envolve a capacidade de integrar, processar e analisar todos esses tipos de dados de forma eficiente. Isso pode exigir o uso de ferramentas avançadas de processamento de linguagem natural, reconhecimento de padrões e aprendizado de máquina.

Além disso, a velocidade dos dados é um aspecto crítico na gestão do big data. Muitas vezes, os dados são gerados em tempo real ou em alta frequência, o que requer sistemas capazes de processar e analisar essas informações em tempo hábil. A tecnologia de processamento em tempo real, como bancos de dados NoSQL e frameworks de processamento de dados em stream, podem ser utilizados para lidar com esses desafios.

A veracidade dos dados também é um desafio importante. Com o grande volume de informações disponíveis, é fundamental garantir a qualidade e a integridade dos dados. Erros, duplicações ou inconsistências podem comprometer a confiabilidade dos insights e tomar decisões baseadas em dados incorretos. A implementação de práticas de qualidade de dados, como validação, limpeza e padronização, é essencial para garantir a veracidade dos dados e para a confiabilidade das análises.

Outro desafio significativo na gestão do big data é a questão de privacidade e segurança. Com grandes volumes de dados, muitas vezes sensíveis, as empresas devem adotar medidas rigorosas para proteger essas informações contra acessos não autorizados, violações de privacidade e ciberataques. Estratégias como criptografia, autenticação e monitoramento constante ajudam a minimizar esses riscos, garantindo a confidencialidade e a integridade dos dados.

Além dos desafios técnicos, a gestão do big data também envolve questões organizacionais e culturais. É necessário um esforço de colaboração e comunicação entre diferentes departamentos e equipes, para garantir que todos estejam alinhados em relação às estratégias de gestão do big data. Também é fundamental promover a conscientização e a educação sobre a importância dos dados e a adoção de uma mentalidade orientada por dados em toda a organização.

Por fim, um dos desafios mais complexos na gestão do big data é a análise e interpretação dos dados. Com grandes volumes de informações, é necessário empregar técnicas avançadas de análise de dados, como mineração de dados, inteligência artificial e aprendizado de máquina, para obter insights relevantes e acionáveis. As empresas devem investir em talentos especializados em análise de dados e em ferramentas avançadas para transformar esses dados brutos em conhecimento útil para a tomada de decisões estratégicas.

2.2   Profissões.

A gestão de big data se tornou um campo em crescimento, impulsionado pelo enorme volume de dados gerados diariamente. Essa área requer uma série de profissionais altamente especializados e qualificados para lidar com os desafios e as demandas do cenário atual de dados. Neste texto, exploraremos algumas das profissões mais comuns envolvidas na gestão de big data.

1   Cientista de dados: O cientista de dados é um profissional essencial na área de big data. Ele é responsável por coletar, organizar e analisar grandes conjuntos de dados para extrair informações e insights significativos. Esse profissional possui habilidades em matemática, estatística, programação e conhecimento em ferramentas de análise de dados. Ele também desempenha um papel crucial na identificação de padrões, tendências e na construção de modelos e algoritmos preditivos.

2   Engenheiro de dados: o engenheiro de dados é responsável por projetar e construir a infraestrutura necessária para armazenar, processar e gerenciar grandes volumes de dados. Ele trabalha em estreita colaboração com os cientistas de dados e os desenvolvedores de software para garantir que os dados sejam coletados e integrados de forma eficiente. Além disso, o engenheiro de dados também é responsável pelo monitoramento, segurança e escalabilidade dos sistemas de big data.

3   Arquiteto de dados: o arquiteto de dados é responsável pelo design e pela implementação da estrutura de dados que permite a captura, o armazenamento e o processamento eficiente dos dados em uma organização. Ele trabalha em colaboração com outras equipes, como desenvolvimento de software, infraestrutura e segurança, para garantir que os sistemas de big data atendam às necessidades da organização. O arquiteto de dados é responsável por decidir a melhor forma de organizar os dados e estabelecer padrões e diretrizes para o seu uso.

4   Analista de dados: O analista de dados é responsável pela análise e interpretação dos dados para fornecer informações valiosas para a tomada de decisões. Ele utiliza técnicas estatísticas e ferramentas de visualização de dados para identificar tendências, padrões e insights relevantes. O analista de dados trabalha em estreita colaboração com outras equipes, como a de cientistas de dados e o setor de negócios, para entender as necessidades e os objetivos da organização e traduzir essas informações em análises acionáveis.

5   Gerente de projeto de Big Data: o gerente de projeto de big data é responsável por supervisionar e coordenar todos os aspectos dos projetos relacionados a big data em uma organização. Ele é responsável pelo planejamento, execução e acompanhamento dos projetos, garantindo que sejam concluídos dentro do prazo e do orçamento estabelecidos. Além disso, o gerente de projeto de big data também lida com a gestão de recursos, a comunicação entre as equipes e a resolução de problemas.

6   Especialista em segurança de dados: dada a importância dos dados e as preocupações crescentes com a privacidade, um especialista em segurança de dados é fundamental para proteger as informações sensíveis da organização. Ele é responsável por implementar medidas de segurança, como criptografia, autenticação, controle de acesso e monitoramento constante, para prevenir violações de dados e garantir a conformidade com as regulamentações de privacidade.

7   Especialista em visualização de dados: um especialista em visualização de dados é responsável por transformar os resultados das análises em representações visuais compreensíveis e impactantes. Ele utiliza técnicas de design, gráficos e ferramentas de visualização para comunicar informações complexas de forma clara e eficaz. O uso de visualizações de dados ajuda as equipes de negócios a entenderem os insights gerados e a tomar decisões mais informadas.

8   8. Administrador de Banco de Dados: o administrador de banco de dados é responsável pela instalação, configuração, manutenção e monitoramento de bancos de dados que armazenam os dados de big data. Ele deve ter conhecimento técnico em diferentes tecnologias de banco de dados, como Hadoop, NoSQL e SQL, para garantir o desempenho e a disponibilidade dos sistemas. O administrador de banco de dados também é responsável por criar políticas de backup, recuperação e segurança dos dados armazenados nos bancos de dados.

Essas são apenas algumas das profissões envolvidas na gestão de big data. À medida que o campo continua a evoluir, novas funções e especializações surgem para atender às demandas específicas das organizações. É importante ressaltar que, para ter sucesso na gestão de big data, as habilidades técnicas são essenciais, como conhecimento em programação, estatística e análise de dados. No entanto, as habilidades interpessoais, como a capacidade de colaborar, comunicar e trabalhar em equipe, também desempenham um papel importante na gestão eficaz de big data.

À medida que a quantidade de dados continua a crescer exponencialmente, a gestão de big data se torna um campo cada vez mais relevante. As profissões envolvidas na gestão de big data desempenham papéis fundamentais na coleta, organização, análise e interpretação de dados para fornecer insights acionáveis às organizações. Esses profissionais especializados são essenciais para ajudar as empresas a tomar decisões informadas, identificar oportunidades de negócios e impulsionar a inovação em um mundo movido por dados.

2.3   Exemplos de sucesso.

Existem inúmeros exemplos de organizações que têm implementado com sucesso a gestão de big data e se destacado como referências nessa área. Abaixo estão alguns exemplos de empresas que têm utilizado big data de forma eficiente e obtido resultados significativos:

1   Netflix: a Netflix é um exemplo clássico de como o uso estratégico do big data pode transformar um negócio. A empresa coleta uma enorme quantidade de dados dos seus usuários, como histórico de visualização, preferências de gênero, classificações e tempo de reprodução. Com base nesses dados, eles são capazes de personalizar as recomendações e ofertas para cada usuário de maneira altamente precisa, aumentando a satisfação do cliente e diminuindo a taxa de cancelamento de assinaturas. Além disso, a Netflix utiliza analytics para otimizar a produção de conteúdo, analisando dados de audiência para desenvolver séries e filmes de sucesso.

2   Amazon: a Amazon é outra empresa famosa pelo uso intensivo de big data. Através da análise de dados de compra, histórico de navegação e comportamento do usuário, a Amazon consegue personalizar a experiência de compra para cada cliente. Ela oferece recomendações personalizadas, ofertas especiais e sugestões de produtos com base nas preferências e no histórico de compras dos usuários. Além disso, a Amazon também utiliza big data para melhorar a eficiência logística, prever demandas e otimizar sua cadeia de suprimentos.

3   Google: o Google é um exemplo clássico de como a gestão de big data pode ser aplicada em larga escala. Através da indexação e análise de uma enorme quantidade de informações online, o Google fornece resultados de busca altamente relevantes e personalizados para cada usuário. Além disso, a empresa utiliza big data para melhorar a segmentação de anúncios, fornecendo anúncios relevantes com base no perfil do usuário. O Google

também utiliza big data para analisar vídeos no YouTube, traduzir textos em tempo real e melhorar sua oferta de serviços em várias áreas.

4 Procter & Gamble: a Procter & Gamble é uma das maiores empresas de bens de consumo do mundo e tem utilizado o big data de forma estratégica para impulsionar a inovação e o desenvolvimento de produtos. A empresa coleta uma variedade de dados, incluindo feedback de consumidores, informações de vendas e dados de pesquisa de mercado. Com base nesses dados, a Procter & Gamble realiza análises detalhadas para identificar as necessidades dos clientes, antecipar tendências e desenvolver novos produtos de forma mais eficiente. Essa abordagem orientada por dados permite que a empresa tome decisões mais informadas e melhore a satisfação do cliente.

5 Walmart: o Walmart é conhecido por ser uma das empresas pioneiras na utilização de big data na gestão de varejo. A empresa coleta e analisa dados de vendas, estoque, preferências de clientes e até mesmo dados climáticos para otimizar sua cadeia de suprimentos, melhorar a eficiência operacional e aumentar a lucratividade. Utilizando algoritmos avançados, o Walmart é capaz de prever a demanda, determinar os produtos mais populares em determinadas áreas geográficas e ajustar seus preços em tempo real.

Esses são apenas alguns exemplos de empresas que têm sido bem-sucedidas na gestão de big data e alcançaram resultados significativos. O êxito dessas empresas se deve à capacidade de coletar, armazenar e analisar grandes volumes de dados de forma estratégica, resultando em insights valiosos que impulsionam a tomada de decisões informadas e a melhoria dos negócios. Esses exemplos mostram como o uso eficiente do big data pode fornecer uma vantagem competitiva e contribuir para o sucesso sustentável de uma organização.

2.4   Dificuldades.

O gerenciamento inadequado pode gerar grandes problemas e desafios significativos ao lidar com Big Data. Aqui estão alguns exemplos de empresas que enfrentaram problemas relacionados ao uso de Big Data:

1   Cambridge Analytica: a Cambridge Analytica foi uma empresa de análise de dados que enfrentou uma grande polêmica em 2018. Foi revelado que a empresa usou indevidamente os dados pessoais de milhões de usuários do Facebook, coletados por um aplicativo de teste psicológico. Esse episódio gerou preocupações sobre privacidade e a maneira como as empresas de Big Data lidam com informações sensíveis dos usuários.

2   Equifax: a Equifax é uma agência de relatórios de crédito que, em 2017, sofreu uma das maiores violações de dados da história. Hackers exploraram uma vulnerabilidade em um sistema da empresa e roubaram informações pessoais de cerca de 147 milhões de pessoas. Esse incidente demonstrou a importância da segurança cibernética e da proteção adequada dos dados em empresas que lidam com Big Data.

3   Uber: a Uber, empresa de transporte por aplicativo, enfrentou desafios relacionados à privacidade dos dados de usuários. Em 2016, foi revelado que a empresa tinha uma prática de rastrear a localização de usuários mesmo após a viagem ter sido concluída. Isso gerou preocupações sobre a privacidade dos passageiros e a forma como a empresa gerencia e protege os dados coletados.

4   Boeing: a Boeing, fabricante de aeronaves, enfrentou um grave problema em 2019 com o lançamento de seu modelo 737 Max. A tragédia do voo da Lion Air e do voo da Ethiopian Airlines envolvendo esse modelo de avião foi atribuída a falhas no sistema de controle de voo, que estavam relacionadas a problemas com sensores e análise de dados. Isso destaca a importância de garantir a qualidade e a precisão dos dados utilizados em sistemas críticos.

5   Target: a Target, uma das maiores redes de varejo dos Estados Unidos, teve um desafio relacionado à segmentação de clientes usando Big Data. Em 2012, a empresa identificou errone ntas gestantes com base em padrões de compra e enviou anúncios específicos para elas. No entanto, houve um caso em que uma adolescente grávida recebeu esses anúncios antes mesmo de contar à família sobre sua gravidez. Esse incidente gerou preocupações sobre ética e privacidade, levantando questões sobre como as empresas utilizam e segmentam os dados dos clientes.

Esses exemplos ilustram os desafios reais enfrentados por empresas que lidam com Big Data. Essas situações destacam a importância da privacidade, segurança cibernética, precisão dos dados, ética e interpretação adequada das informações. É fundamental que as empresas estejam cientes dessas questões e adotem medidas para enfrentá-las de maneira responsável e eficaz.

2.5   Requisitos.

A gestão bem-sucedida do Big Data requer a consideração de diversos condicionantes. Esses fatores são essenciais para garantir que as organizações possam extrair o máximo valor dos seus dados e superar os desafios associados ao gerenciamento de grandes volumes de informações. Aqui estão alguns dos principais condicionantes para uma gestão eficaz do Big Data:

1   Estratégia clara e objetivos definidos: antes de se aventurar na gestão do Big Data, é essencial estabelecer uma estratégia clara e definir os objetivos que a organização deseja alcançar. Essa estratégia deve enfatizar como o Big Data se alinha aos objetivos de negócio, identificar os casos de uso relevantes e estabelecer métricas para medir o sucesso.

2   Infraestrutura e tecnologia adequadas: uma infraestrutura robusta e tecnologicamente avançada é necessária para lidar com grandes volumes de dados. A organização precisa investir em

hardware, redes e software que suportem a coleta, o armazenamento e o processamento eficiente do Big Data. Isso pode incluir sistemas de armazenamento em nuvem, servidores de alto desempenho e ferramentas de análise de dados.

3   Coleta e integração de dados de qualidade: a gestão do Big Data envolve a coleta de dados de várias fontes. É fundamental garantir que esses dados sejam confiáveis, precisos e de qualidade. A organização deve implementar processos para validar, limpar e integrar os dados, a fim de garantir que eles sejam úteis e confiáveis para análises futuras.

4   Segurança e privacidade dos dados: a segurança dos dados é um aspecto vital para a gestão bem-sucedida do Big Data. As organizações devem adotar medidas de segurança cibernética adequadas para proteger os dados contra ameaças e ataques. Além disso, é necessário garantir que a privacidade dos dados pessoais seja respeitada, em conformidade com regulamentações e diretrizes aplicáveis, como a Lei Geral de Proteção de Dados (LGPD).

5   Capacidades analíticas avançadas: uma gestão bem-sucedida do Big Data requer habilidades analíticas avançadas. É importante ter profissionais capacitados que possam explorar e analisar os dados de forma eficiente. Isso pode envolver a contratação de cientistas de dados, analistas de dados e engenheiros de machine learning que tenham conhecimento e expertise na manipulação e exploração de grandes volumes de dados.

6   Cultura orientada a dados: uma cultura empresarial orientada a dados é um fator crítico para o sucesso da gestão do Big Data. A organização deve incentivar a tomada de decisões baseada em dados, promover a colaboração entre equipes de dados e de negócios, e investir na educação e no desenvolvimento de habilidades relacionadas a dados em toda a empresa. Isso envolve

criar uma mentalidade sobre como o Big Data pode ser usado para obter insights e apoiar decisões fundamentadas.

7   Governança de dados: a governança de dados é um aspecto essencial da gestão eficaz do Big Data. Isso inclui a definição de políticas, processos e padrões para garantir que os dados sejam gerenciados de forma adequada, segura e ética. A governança de dados também envolve o estabelecimento de hierarquias de responsabilidade, a definição de papéis e responsabilidades relacionados aos dados, e a implementação de sistemas de auditoria para monitorar o uso e acesso aos dados.

8   Escalabilidade e flexibilidade: o Big Data é caracterizado por seu crescimento exponencial. Portanto, a gestão bem-sucedida do Big Data requer uma abordagem escalável que possa lidar com volumes cada vez maiores de dados. A organização deve investir em infraestruturas que possam ser facilmente dimensionadas e adaptadas às necessidades em constante evolução.

9   Aprendizado contínuo e melhoria: a gestão do Big Data é um processo contínuo de aprendizado e melhoria. As organizações devem estar abertas a experimentar novas abordagens, tecnologias e técnicas analíticas. Além disso, é importante monitorar e avaliar constantemente os resultados e métricas para identificar oportunidades de aprimoramento e ajuste da estratégia de Big Data.

10 Conformidade regulatória: a conformidade regulatória é um fator crítico, especialmente quando se trata de dados sensíveis ou pessoais. As organizações devem garantir que estejam em conformidade com as leis e regulamentações de proteção de dados, como o GDPR na União Europeia ou a LGPD no Brasil. Isso envolve obter o consentimento adequado para a coleta e o processamento de dados, bem como garantir a segurança e privacidade dessas informações.

A gestão bem-sucedida do Big Data requer uma abordagem holística que considera diversos fatores. Desde a definição de uma estratégia clara e objetivos bem definidos até a implementação de uma infraestrutura tecnológica adequada, passando pela segurança dos dados e a cultura orientada a dados, todas essas condicionantes são fundamentais para garantir que as organizações possam aproveitar ao máximo os benefícios do Big Data e superar os desafios associados à gestão de grandes volumes de informações.

Ao abordar esses condicionantes de maneira adequada, as organizações estarão bem posicionadas para realizar análises significativas, tomar decisões baseadas em dados e obter insights valiosos para impulsionar o crescimento e a inovação.

3   O Big Data e as Estruturas de Dados Relacionadas.

Uma das principais preocupações ao lidar com Big Data é a forma como os dados são armazenados e organizados. A estrutura de dados escolhida é fundamental para garantir a eficiência e a agilidade na manipulação dessas grandes quantidades de informações.

Esses dados são capturados a partir de diferentes fontes, como dispositivos inteligentes, sensores, redes sociais, transações financeiras e muito mais. Lidar com o Big Data requer estratégias de gestão e análise eficientes, além de estruturas de dados adequadas para organizar e armazenar essas informações.

Uma das estruturas de dados mais comumente utilizadas para gerenciar o Big Data é o banco de dados relacional. Esse modelo é amplamente conhecido e utilizado há décadas, sendo caracterizado pela organização dos dados em tabelas, onde as informações são armazenadas em linhas e colunas. O uso de chaves primárias e estrangeiras garante a integridade das relações entre os dados.

No entanto, para algumas aplicações e cenários relacionados ao Big Data, o modelo relacional pode não ser o mais adequado. Isso porque, em muitos casos, o Big Data é caracterizado por um grande volume, alta velocidade de geração e variedade de dados, o que pode dificultar a modelagem e o desempenho das consultas em um sistema relacional tradicional.

Nesses casos, surgem alternativas como os bancos de dados NoSQL (Not Only SQL). Esses sistemas foram desenvolvidos para lidar com a escalabilidade e a flexibilidade exigidas pelo Big Data. Eles oferecem modelos de armazenamento diferentes dos bancos de dados relacionais, como os bancos de dados de documentos, de colunas ou de grafos.

Por exemplo, em sistemas de recomendação de produtos, as estruturas NoSQL podem ser utilizadas para armazenar informações personalizadas de cada usuário, permitindo uma rápida recuperação das recomendações de acordo com seu histórico e preferências.

No caso de um aplicativo de rede social que precisa armazenar grandes quantidades de dados de usuários, como informações pessoais, fotos, histórico de atividades e conexões de rede. Um banco de dados relacional pode ter dificuldades em lidar com a variedade e o volume desses dados, bem como com a necessidade de acesso rápido a informações específicas dos usuários. Nesse caso, um banco de dados NoSQL, como o MongoDB ou o Cassandra, pode ser uma opção mais adequada. Esses bancos de dados oferecem escalabilidade horizontal, alto desempenho de leitura e gravação, além de suporte para dados não estruturados ou semiestruturados.

Outro exemplo é o uso de bancos de dados NoSQL em sistemas de análise de dados em tempo real. Digamos que uma empresa de comércio eletrônico queira monitorar e analisar dados de navegação de seus clientes em tempo real para oferecer recomendações personalizadas de produtos.

A escolha da estrutura de dados adequada depende das necessidades específicas de cada projeto, levando em consideração fatores como o volume, velocidade e variedade dos dados, bem como a complexidade das análises a serem realizadas. O desafio reside em identificar a estrutura ideal que possa lidar eficientemente com o Big Data e obter insights valiosos a partir dessas imensas quantidades de informações.

3.1   Bancos de dados relacionais.

Os Sistemas Gerenciadores de Banco de Dados Relacionais (RDBMs) são amplamente utilizados para armazenar e gerenciar dados estruturados. Esses sistemas são compostos por tabelas, que são representações de estruturas de arquivos, e por meio de uma ou mais relações entre essas tabelas, é possível estabelecer conexões e relacionamentos entre os dados.

A estrutura de uma tabela em um RDBMS é definida pelas colunas que a compõem. Cada coluna representa um campo específico dos dados e geralmente possui um tipo de dado associado, como número, texto, data, entre outros. Essas colunas são utilizadas para armazenar os dados de forma organizada e acessível. Por sua vez, as linhas da tabela contêm os valores dos campos correspondentes, ou seja, os dados reais que estão sendo armazenados.

Uma característica importante dos bancos de dados relacionais é a definição de uma chave primária para cada tabela. A chave primária é uma coluna ou conjunto de colunas que identificam de forma única cada registro na tabela. A utilização da chave primária é fundamental para garantir a integridade dos dados e permitir a realização de operações como a atualização e exclusão de registros de forma precisa.

Um princípio essencial para obter consistência e valor no banco de dados é a "normalização" dos dados. A normalização é um processo de projeto de banco de dados que visa eliminar a redundância e a inconsistência, organizando as informações em tabelas de forma estruturada. Isso envolve a decomposição dos dados em diferentes tabelas e a definição de relacionamentos entre elas, com base em dependências funcionais e regras de integridade.

Ao normalizar os dados, é possível alcançar uma estrutura mais eficiente e flexível, garantindo a consistência e a integridade dos dados armazenados. Ela também facilita a manutenção e a atualização dos dados, além de otimizar as operações de consulta e análise.

A normalização dos dados envolve a aplicação de diferentes formas normais (1NF, 2NF, 3NF etc.) para se chegar a um formato compartilhado e acordado, onde os dados estão organizados de acordo com suas dependências funcionais e sem redundâncias desnecessárias. Isso significa que cada dado é armazenado apenas uma vez e em um local apropriado, evitando duplicidades e inconsistências.

Ao fazer a normalização dos dados, os bancos de dados relacionais podem obter benefícios significativos. Primeiramente, a normalização ajuda a reduzir o espaço de armazenamento necessário, uma vez que os dados são organizados de forma compacta e sem repetições desnecessárias. Além disso, a normalização facilita a atualização dos dados, pois as alterações precisam ser feitas apenas em um local específico, evitando erros e inconsistências.

Outra vantagem da normalização é a melhoria no desempenho das consultas ao banco de dados. Por estar organizado em tabelas relacionadas, o acesso aos dados se torna mais eficiente, permitindo que as consultas sejam executadas de maneira mais rápida e precisa. Além disso, a normalização possibilita uma análise mais eficiente dos dados, permitindo a extração de informações valiosas por meio de consultas complexas e cruzamentos de informações.

No entanto, é importante mencionar que a normalização dos dados é um processo que requer uma análise cuidadosa e um equilíbrio entre a estrutura do banco de dados e as necessidades de uso e desempenho. Em alguns casos, a normalização excessiva pode levar a um aumento na complexidade das consultas e impactar negativamente o desempenho do sistema. Portanto, é essencial encontrar um equilíbrio adequado, considerando as peculiaridades e necessidades específicas de cada contexto.

Os bancos de dados relacionais, baseados em tabelas e relacionamentos, são estruturados de forma a organizar e armazenar os dados de maneira eficiente. A chave primária e a normalização dos dados são elementos-chave para garantir a consistência, integridade e valor do banco de dados. Por meio desse processo, os dados são transformados em um formato compartilhado e acordado, eliminando redundâncias desnecessárias e permitindo um acesso mais eficiente e preciso às informações.

Ao longo dos anos, a linguagem SQL (Structured Query Language) tem evoluído em paralelo com a tecnologia RDBMS (Sistemas Gerenciadores de Bancos de Dados Relacionais), tornando-se o mecanismo mais amplamente utilizado para criar, consultar, manter e operar bancos de dados relacionais. Inicialmente desenvolvido para uso em conjunto com RDBMS, o SQL conquistou tanta popularidade que também se tornou predominante em bancos de dados não relacionais.

O SQL, como uma linguagem de consulta, permite que os desenvolvedores e administradores de banco de dados interajam com o sistema de gerenciamento de banco de dados de forma eficiente. Por meio do SQL, é possível realizar uma série de operações, como criar bancos de dados, definir tabelas e colunas, inserir, atualizar e excluir registros, e realizar consultas complexas para recuperar informações específicas.

Nos bancos de dados relacionais, as consultas em SQL são baseadas em relações entre tabelas, usando operadores como SELECT, JOIN, WHERE, GROUP BY, entre outros. Essas consultas permitem realizar buscas detalhadas nos dados e combinar informações de diferentes tabelas, oferecendo uma visão ampla e detalhada dos dados armazenados.

Com o tempo, a popularidade do SQL e sua eficácia na realização de consultas em bancos de dados relacionais levaram muitos desenvolvedores a adotar essa linguagem mesmo em bancos de dados não relacionais. Isso porque o SQL oferece uma sintaxe padronizada e uma ampla gama de funcionalidades, tornando-o uma opção atraente para manipular dados de diferentes modelos e estruturas.

Os bancos de dados não relacionais, também conhecidos como NoSQL, possuem modelos de dados flexíveis e escaláveis, como documentos, grafos e colunas amplamente utilizados em aplicações modernas. Embora esses bancos de dados tenham características distintas que os diferem dos RDBMS tradicionais, muitos deles também oferecem suporte à linguagem SQL. No entanto, o uso de SQL em bancos de dados não relacionais pode ter algumas variações em relação às consultas tradicionais realizadas em um ambiente RDBMS.

O SQL, portanto, desempenha um papel fundamental no mundo dos bancos de dados, independentemente de serem relacionais ou não relacionais. A sua capacidade de fornecer uma linguagem uniforme para consultas e manipulação de dados tornou-se uma grande vantagem para os desenvolvedores, permitindo-lhes escrever consultas complexas e obter resultados precisos, independentemente do tipo de banco de dados em uso.

Além disso, o SQL também evoluiu para além das operações de consulta básicas. Com a introdução de recursos avançados, como triggers, stored procedures e funções, o SQL permite que os desenvolvedores criem lógica de negócios personalizada diretamente no banco de dados. Isso aumenta a eficiência e a flexibilidade ao lidar com operações complexas e ao garantir a integridade dos dados.

No entanto, é importante ressaltar que nem todas as implementações de bancos de dados não relacionais suportam todas as funcionalidades do SQL. Cada banco de dados NoSQL pode ter sua própria sintaxe e recursos específicos, mesmo que seja possível realizar consultas usando SQL. Por isso, é fundamental entender as particularidades do banco de dados específico em uso e a compatibilidade do SQL com esse ambiente.

O SQL se tornou um padrão de fato na indústria de bancos de dados, oferecendo uma maneira consistente e eficiente de interagir com sistemas de gerenciamento de bancos de dados. Sua evolução paralela à tecnologia RDBMS e sua ampla adoção em bancos de dados não relacionais são reflexos de sua flexibilidade e poder. Ao utilizar o SQL, os desenvolvedores têm a habilidade de criar consultas complexas, manter a integridade dos dados e alcançar resultados valiosos, independentemente do modelo de banco de dados utilizado.

A maioria das informações operacionais das empresas provavelmente está armazenada em RDBMSs. Muitas empresas têm RDBMSs diferentes para diferentes áreas de seus negócios. Os dados transacionais podem ser armazenados no banco de dados de um fornecedor, enquanto as informações do cliente podem ser armazenadas em outro.

Cabe destacar que o conhecimento de quais dados estão armazenados e onde estão armazenados são blocos de construção essenciais na implementação de Big Data.

Não é provável que sua empresa utilize RDBMSs para o núcleo da implementação do Big Data, mas precisará contar com os dados armazenados em RDBMSs para criar o mais alto nível de valor para os negócios com Big Data. Embora muitos bancos de dados relacionais comerciais diferentes estejam disponíveis em empresas como Oracle, IBM e Microsoft, é importante conhecer o banco de dados relacional de código aberto chamado PostgreSQL.

O PostgreSQL[1], conhecido como o banco de dados relacional de código aberto líder na indústria, tem conquistado uma posição de destaque na atualidade. Sua origem remonta ao seu desenvolvimento pioneiro na renomada Universidade da Califórnia em Berkeley. Desde então, tem sido objeto de um desenvolvimento ativo contínuo, como um projeto de código aberto por mais de 18 anos.

O sucesso e a popularidade do PostgreSQL não se limitam apenas à sua capacidade de fornecer as funcionalidades básicas de um banco de dados confiável. Ele vai além, oferecendo uma ampla gama de recursos

---

[1] www.postgresql.org

avançados e inovadores, projetados para atender às necessidades crescentes e complexas do mundo moderno dos dados.

O PostgreSQL possui um conjunto abrangente de recursos que abrange desde a implementação eficiente de consultas complexas até a gestão sofisticada de transações e controle de integridade dos dados. Sua arquitetura flexível permite suportar uma variedade de aplicativos e casos de uso, desde pequenas aplicações internas até grandes sistemas corporativos distribuídos.

Além disso, o PostgreSQL tem se destacado por sua robustez, confiabilidade e segurança. Sua comunidade de desenvolvedores e usuários ativos contribuem regularmente para aprimorar e fortalecer esses aspectos fundamentais.

Na era da computação em nuvem e da escalabilidade horizontal, o PostgreSQL também se destaca por ser altamente escalável e flexível, permitindo que os usuários dimensionem seus bancos de dados de acordo com suas necessidades crescentes.

Dessa forma, ao escolher o PostgreSQL como sistema de gerenciamento de banco de dados, os usuários não apenas têm acesso a uma solução estável e confiável, mas também se beneficiam de uma comunidade vibrante e em constante evolução, que oferece suporte e promove inovação contínua.

Dentre os fatores que contribuem para a popularidade do PostgreSQL estão:

1   Ele faz todas as coisas esperadas em um produto de banco de dados, além de sua longevidade e amplo uso o tornaram "testado em batalha".

2   Ele está disponível em quase todos os tipos de sistemas operacionais, de PCs a mainframes.

3   Ele suporta muitos recursos encontrados apenas em RDBMSs proprietários caros, incluindo o seguinte:

- Capacidade de lidar diretamente com "objetos" dentro do esquema relacional.

- Chaves estrangeiras que são as chaves de referência de uma tabela em outra.

- Triggers que são eventos usados para iniciar automaticamente um procedimento armazenado.

- Consultas complexas compostas de subconsultas e junções entre tabelas.

- Integridade transacional.

- Controle de simultaneidade multiversão.

4   Sua extensibilidade permite aos usuários e programadores de banco de dados adicionar novos recursos sem afetar a operação fundamental ou a confiabilidade do banco de dados. Possíveis extensões incluem:

- Tipos de dados.

- Operadores.

- Funções.

- Métodos de indexação.

- Linguagens de procedimento.

5   A licença PostgreSQL permite modificação e distribuição em qualquer forma, código aberto ou fechado.

Os bancos de dados relacionais são essenciais para as empresas que possuem Big Data, mas há plataformas alternativas.

3.2   Bancos de dados relacionais e o Big Data.

O relacionamento entre bancos de dados relacionais e Big Data é um tema relevante no campo da ciência de dados e do armazenamento de informações. Ambos desempenham papéis fundamentais no gerenciamento e na análise de grandes volumes de dados, no entanto, eles têm abordagens e características distintas.

Uma das principais limitações dos bancos de dados relacionais quando se trata de lidar com Big Data é a escalabilidade horizontal. À medida que o volume de dados aumenta, os bancos de dados relacionais podem enfrentar dificuldades para lidar com a distribuição e o processamento eficiente de grandes conjuntos de dados em um ambiente distribuído. Isso pode resultar em problemas de desempenho e latência ao executar consultas complexas ou ao acessar dados em tempo real.

Além disso, a velocidade de consulta em bancos de dados relacionais pode ser afetada pelo tamanho dos conjuntos de dados. À medida que o volume de dados aumenta, o tempo necessário para executar consultas pode aumentar significativamente, levando a atrasos no processamento e na análise dos dados. Isso pode ser problemático em cenários onde é necessário obter insights em tempo real ou quando se lida com grandes quantidades de dados que precisam ser processados rapidamente.

Outra limitação dos bancos de dados relacionais é a capacidade de processar tipos de dados não estruturados. Enquanto esses bancos de dados são projetados para armazenar dados estruturados em tabelas com esquemas previamente definidos, eles podem ter dificuldade em lidar com tipos de dados mais complexos, como texto, imagens, vídeos e dados em formato JSON. Esses tipos de dados não estruturados são comumente encontrados no contexto do Big Data e exigem abordagens diferentes de armazenamento e processamento.

Além disso, a estrutura fixa das tabelas em bancos de dados relacionais pode apresentar desafios adicionais quando ocorrem mudanças nos requisitos e no esquema dos dados. Por exemplo, se for necessário adicionar uma nova coluna a uma tabela existente ou reorganizar a estrutura das tabelas para incorporar novos atributos, pode ser necessário fazer alterações extensas no esquema do banco de dados, o que pode exigir tempo e recursos significativos. Essas mudanças podem ser mais difíceis de implementar em bancos de dados relacionais, tornando-os menos flexíveis em comparação com as soluções NoSQL.

Um dos exemplos mais conhecidos de relacionamento entre bancos de dados relacionais e Big Data é o sistema de gerenciamento de banco de dados Hadoop. O Hadoop é uma plataforma de software de código aberto que permite o processamento distribuído de grandes conjuntos de dados em clusters de servidores comuns. Ele é especialmente projetado para armazenar e processar dados não estruturados, sem a necessidade de um esquema fixo.

O Hadoop utiliza o sistema de arquivos distribuídos Hadoop (HDFS) para armazenar os dados em um ambiente distribuído. Ele divide os dados em blocos e os distribui em diferentes nós do cluster, garantindo redundância e tolerância a falhas. Isso permite que os dados sejam processados em paralelo em vários nós, o que proporciona um alto grau de escalabilidade e desempenho.

Além do Hadoop, outro exemplo de relacionamento entre bancos de dados relacionais e Big Data é o uso de bancos de dados relacionais como uma camada de armazenamento e gerenciamento para dados específicos do Big Data.

Por exemplo, um banco de dados relacional pode ser usado para armazenar metadados ou dados agregados gerados a partir de processos de análise de Big Data. Isso permite que os dados sejam consultados e analisados de forma eficiente por meio da linguagem SQL.

Outro exemplo comum é o uso de bancos de dados relacionais em conjunto com bancos de dados NoSQL em uma arquitetura poliglota.

Nessa abordagem, dados estruturados e transacionais são armazenados em bancos de dados relacionais para garantir a consistência e a integridade. Enquanto isso, dados não estruturados, como logs de servidores ou dados de sensores, podem ser armazenados e processados em bancos de dados NoSQL, que oferecem maior escalabilidade e flexibilidade para lidar com esses tipos de dados.

É importante destacar que as soluções evoluem constantemente e novas tecnologias podem surgir no futuro para superar as limitações existentes. Portanto, é essencial acompanhar as tendências e as inovações na área de bancos de dados relacionais e Big Data para garantir o melhor desempenho e eficiência no gerenciamento e análise dos dados.

O relacionamento entre bancos de dados relacionais e Big Data é complexo e envolve a combinação de diferentes tecnologias e abordagens. Enquanto os bancos de dados relacionais fornecem consistência, integridade e confiabilidade para dados estruturados, os bancos de dados NoSQL e as tecnologias de processamento distribuído atendem às necessidades de escalabilidade e processamento de dados não estruturados no contexto do Big Data. A escolha da abordagem adequada depende das características do conjunto de dados e dos requisitos de análise.

3.3   Bancos de dados não relacionais.

Os bancos de dados não relacionais são hoje uma ótima alternativa aos relacionais, pois não dependem da arquitetura tabelar dos RDBMSs. No mundo do Big Data é necessário que a persistência e as técnicas de manipulação de dados não sejam engessadas. Embora essas novas modalidade de bancos de dados ofereçam algumas respostas para seus desafios de Big Data, eles não são uma solução definitiva.

3.3.1   NoSQL.

Uma classe emergente e popular de banco de dados não relacional é chamada de NoSQL. O termo NoSQL foi primeiramente utilizado em 1998 como o nome de um banco de dados não relacional de código aberto.

Seu autor, Carlo Strozzi, alega que o movimento NoSQL "é completamente distinto do modelo relacional e, portanto, deveria ser mais apropriadamente chamado "NoREL" ou algo que produzisse o mesmo efeito".

Os dados são organizados em tabelas com linhas e colunas. Ao contrário de um modelo de banco de dados relacional tradicional.

O nome NoSQL era uma tentativa de descrever o surgimento de um número crescente de bancos de dados não relacionais e fazia uma referência ao esquema de atribuição de nomes dos bancos de dados relacionais mais populares do mercado como MySQL, MS SQL, PostgreSQL etc.

Em 2006, o artigo: *BigTable: A Distributed Storage System for Structured Data*, publicado pelo Google, trouxe nova força ao conceito NoSQL com o desenvolvimento de um gerenciador que se destinava especificamente a armazenar grandes volumes de dados não estruturados em servidores de commodities.

Com a crescente popularização das redes sociais, a geração de conteúdo por dispositivos móveis bem como o número cada vez maior de pessoas e dispositivos conectados faz com que o trabalho de armazenamento de dados com o objetivo de utilizá-los em ferramentas analíticas comece a esbarrar nas questões de escalabilidade e custos de manutenção desses dados.

O Bigtable é um sistema de armazenamento de dados proprietário compactado, de alto desempenho construído no sistema do Google

File e algumas outras tecnologias Google. É um mapa classificado multidimensional esparso, distribuído e persistente. Em 6 de maio de 2015, uma versão pública do Bigtable foi disponibilizada.

O desenvolvimento do Bigtable começou em 2004 e agora é usado por várias aplicações do Google, como o indexamento web, MapReduce, que é usado frequentemente para gerar e modificar dados armazenados em plataformas tais como:

- Bigtable.
- Google Maps.
- Google Books.
- Google Earth.
- Blogger.com.
- Google Code.
- YouTube.
- Gmail.

As razões do Google para desenvolver seu próprio banco de dados incluem escalabilidade e melhor controle das características de desempenho.

Bancos de dados relacionais escalam, mas quanto maior o tamanho, mais complexo se torna acompanhar essa escalabilidade, seja pelo custo de novas máquinas, seja pelo aumento de especialistas nos bancos de dados utilizados.

Os não relacionais, em modo oposto, permitem uma escalabilidade mais barata e menos trabalhosa, pois não exigem máquinas extremamente poderosas e sua facilidade de manutenção permite que menos profissionais sejam necessários.

Assim, os bancos de dados NoSQL estão se tornando mais populares entre as grandes empresas pois possuem as características de poder trabalhar com dados semiestruturados originários de diversas fontes, tais como arquivos de log, websites, arquivos multimídia.

As tecnologias de banco de dados não relacionais têm as seguintes características em comum:

- Escalabilidade. É a capacidade de gravar dados em várias unidades de armazenamentos de dados simultaneamente, sem se deter face às limitações físicas da infraestrutura.

- Perfeição. Os bancos de dados são capazes de expandir e contrair, em resposta aos fluxos de dados, e isto é feito de forma invisível para os usuários finais.

- Design de persistência. A persistência ainda é um elemento crítico em bancos de dados não relacionais. Devido à alta velocidade, variedade e volume de Big Data, esses bancos de dados usam mecanismos de diferença para persistir os dados. A opção de maior desempenho é *"in memory"*, onde todo o banco de dados é mantido no sistema de memória muito rápido de seus servidores.

- Diversidade de interface. Embora a maioria dessas tecnologias suporte APIs *restful* como sua interface *"go to"*, elas também oferecem uma ampla variedade de mecanismos de conexão para programadores e gerenciadores de banco de dados, incluindo ferramentas de análise e relatórios / visualização.

- Modelo de dados e consulta. Em vez de linha, coluna e estruturas de chave, os bancos de dados não relacionais usam estruturas especiais para armazenar dados com um conjunto de requisitos de APIs[2] de consulta especiais para acessar os dados de maneira inteligente.

- Consistência Eventual. Enquanto o RDBMS usa ACID como um mecanismo para garantir a consistência dos dados, o DBMS não relacional usa BASE. BASE significa *Basically Available, Soft State* e Eventual *Consistency*. Destes, a consistência eventual é mais importante porque é responsável pela resolução de conflitos quando os dados estão em movimento entre os nós em uma implementação distribuída. O estado dos dados é mantido pelo software e o modelo de acesso depende da disponibilidade básica.

3.3.2 Chave-Valor.

Os bancos de dados NoSQL mais simples são aqueles que empregam o modelo de par de valores-chave (KVP). Os bancos de dados KVP não requerem um esquema (como RDBMSs) e oferecem grande flexibilidade e escalabilidade. Os bancos de dados KVP não oferecem capacidade ACID e exigem que os implementadores pensem sobre o posicionamento, replicação e tolerância a falhas dos dados, pois não são expressamente controlados pela própria tecnologia.

Os bancos de dados KVP não contêm dados digitados. Como resultado, a maioria dos dados é armazenada como *strings*.

---

[2] Application Programming Interface – API. A Interface de Programação de Aplicativos é um conjunto de rotinas e padrões de programação para acesso a um aplicativo de software ou plataforma baseado na Web. Uma API é criada quando uma empresa de software tem a intenção de que outros criadores de software desenvolvam produtos associados ao seu serviço. Existem vários deles que disponibilizam seus códigos e instruções para serem usados em outros sites da maneira mais conveniente para seus usuários. O Google Maps é um dos grandes exemplos na área de APIs. Por meio de seu código original, muitos outros sites e aplicações utilizam os dados do Google Maps adaptando-o da melhor forma a fim de utilizar esse serviço.

À medida que o número de usuários cresce, o trabalho de manter o controle de chaves precisas e valores relacionados pode ser um desafio. Se for necessário acompanhar as opiniões de milhões de usuários, o número de pares de valores-chave associados a eles pode aumentar exponencialmente.

Se a escolha for por não restringir as opções para os valores, a representação genérica de *string* de KVP fornece flexibilidade e legibilidade. Pode ser necessário obter ajuda adicional para organizar dados em um banco de dados de valores-chave.

A maioria dos bancos de dados de chaves e valores oferece a capacidade de agregar chaves e seus valores relacionados em coleções que podem consistir em qualquer número de pares de valores-chave e não requerem controle exclusivo dos elementos KVP individuais.

3.3.3   Riak.

Um banco de dados de par de valores-chave de código aberto amplamente usado é chamado Riak[3]. Ele é desenvolvido e suportado por uma empresa chamada Basho Technologies[4] e está disponível sob a Apache Software License.

Suas principais características são:

- É uma implementação muito rápida e escalonável de um banco de dados de valor-chave.

- Oferece suporte a um ambiente de alto volume com dados que mudam rapidamente porque é leve.

- É particularmente eficaz na análise em tempo real de

---

[3] http://wiki.basho.com.

[4] www.basho.com.

negociações em serviços financeiros.

- Usa *Buckets*[5] como um mecanismo de empresa para coleções de chaves e valores.

O bucket é semelhante a uma partição de dados. Porém, cada bucket pode conter um conjunto de valores de coluna, em vez de apenas um. Esse método funciona bem para particionamento em números de valores grandes (em milhões ou mais), como identificadores de produto. Um bucket é determinado por hash e chave de bucket da linha. As tabelas em bucket oferecem otimizações exclusivas porque armazenam metadados da forma como foram particionados e classificados.

Alguns recursos de bucket avançados são:

- Otimização de consulta baseada em informações meta de bucket.

- Agregações otimizadas.

- Junções otimizadas.

É possível utilizar particionamento e bucket ao mesmo tempo.

As implementações do Riak são *cluster*s de nós físicos ou virtuais organizados de forma ponto a ponto. Não existe nenhum nó mestre, portanto, o *cluster* é resiliente e altamente escalonável. Todos os dados e operações são distribuídos pelo *cluster*. Os *cluster*s Riak têm um perfil de desempenho interessante.

*Cluster*s maiores, com maior número de nós, têm um desempenho melhor e mais rápido do que *cluster*s com menos nós. A comunicação no *cluster* é implementada por meio de um protocolo especial

---

5 Baldes.

chamado *Gossip*. O *Gossip* armazena informações de status sobre o *cluster* e compartilha informações sobre *buckets*.

O Riak tem muitos recursos e faz parte de um ecossistema que consiste no seguinte:

- Processamento paralelo. Usando MapReduce, Riak oferece suporte para decompor e recompor consultas em todo o *cluster* para análise e computação em tempo real.

- Links e link *walking*. Riak pode ser construído para simular um banco de dados de gráficos usando links. Um link pode ser considerado uma conexão unilateral entre pares de valores-chave. Percorrer os links fornece um mapa de relacionamentos entre pares de valores-chave.

- Pesquisa. O Riak Search possui um recurso de pesquisa de texto completo distribuído e tolerante a falhas. Os *Buckets* podem ser indexados para resolução rápida de valores-chaves.

- Índices secundários. Os desenvolvedores podem marcar valores com um ou mais valores de campo-chave. O aplicativo pode então consultar o índice e retornar uma lista de chaves correspondentes. Isso pode ser muito útil em implementações de Big Data porque a operação é atômica e oferecerá suporte a comportamentos em tempo real.

As implementações Riak são mais adequadas para:

- Dados do usuário para redes sociais, comunidades ou jogos.

- Coleta e armazenamento de dados ricos em mídia de alto volume.

- Camadas de cache para conectar bancos de dados RDBMS e

NoSQL.

- Aplicativos móveis que exigem flexibilidade e confiabilidade.

3.3.4 Bancos de dados de documentos.

Há dois tipos de bancos de dados de documentos.

1. Repositório de conteúdo completo em estilo de documento, tais como arquivos do Word e páginas da Web completas.

2. Armazenamento de componentes de documentos permanentes processados como uma entidade estática ou para montagem dinâmica das partes de um documento.

Para implementações de Big Data, os dois tipos são importantes, então é necessário entender os detalhes de cada um.

Os bancos de dados de documentos são mais úteis quando se precisa produzir muitos relatórios e eles precisam ser montados dinamicamente a partir de elementos que mudam com frequência.

A estrutura dos documentos e suas partes é fornecida por JSON[6] e/ou BSON[7]. Em sua essência, JSON é um formato de intercâmbio de dados, baseado em um subconjunto da linguagem de programação JavaScript.

---

[6] JavaScript Object Notation – JSON. A Notação de Objetos JavaScript é uma formatação leve de troca de dados. Está baseado em um subconjunto da linguagem de programação JavaScript, Standard ECMA-262 3a Edição -Dezembro - 1999. JSON é em formato texto e completamente independente de linguagem, pois usa convenções que são familiares às linguagens C e familiares, incluindo C++, C#, Java, JavaScript, Perl, Python e muitas outras.

[7] BSON é um formato de intercâmbio de dados de computador. O nome "BSON" é baseado no termo JSON e significa "JSON binário". É uma forma binária para representar estruturas de dados simples ou complexas, incluindo matrizes associativas (também conhecidas como pares nome-valor), matrizes indexadas de inteiros e um conjunto de tipos escalares fundamentais. O BSON foi originado em 2009 no MongoDB.

Embora faça parte de uma linguagem de programação, é de natureza textual e muito fácil de ler e escrever.

Ele também tem a vantagem de ser de fácil manuseio para os computadores. Existem duas estruturas básicas em JSON, e elas são suportadas por muitas, senão todas, as linguagens de programação modernas.

A primeira estrutura básica é uma coleção de pares de nome / valor, e eles são representados programaticamente como objetos, registros, listas codificadas e assim por diante. A segunda estrutura básica é uma lista ordenada de valores e eles são representados programaticamente como matrizes, listas ou sequências. BSON é uma serialização binária de estruturas JSON projetadas para aumentar o desempenho e escalabilidade.

O MongoDB e o CouchDB são exemplos muito populares de bancos de dados de documentos.

3.3.4.1   MongoDB.

MongoDB[8] é o nome do projeto para o sistema de banco de dados "hu (mongo) us". É mantido por uma empresa chamada 10gen como código aberto e está disponível gratuitamente sob a licença GNU AGPL v3.0. Licenças comerciais com suporte total estão disponíveis na 10gen[9].

Ele está crescendo em popularidade e pode ser uma boa escolha para o armazenamento de dados de Big Data. Ele é composto de um banco de dados contendo coleções compostas por documentos e cada documento é composto por campos. Assim como nos bancos de dados

---

[8] www.mongodb.com.

[9] www.10gen.com.

relacionais, é possível indexar uma coleção aumentando o desempenho da pesquisa de dados.

Este banco de dados retorna algo chamado cursor, que tem a função de ponteiro para os dados e oferece a opção de contar ou classificar os dados sem extraí-los. Nativamente, o MongoDB oferece suporte a BSON, a implementação binária de documentos JSON.

O MongoDB, que também é um ecossistema, consiste nos seguintes elementos:

- Serviços de alta disponibilidade e replicação para escalonamento em redes locais e de longa distância.

- Um sistema de arquivos baseado em grade (GridFS), permitindo o armazenamento de grandes objetos, dividindo-os entre vários documentos.

- MapReduce para suportar análises e agregação de diferentes coleções/documentos.

- Um serviço de fragmentação que distribui um único banco de dados em um *cluster* de servidores em um único ou em vários datacenters. O serviço é conduzido por uma chave de fragmento. A chave *shard* é usada para distribuir documentos de forma inteligente em várias instâncias.

- Um serviço de consulta que oferece suporte a consultas *ad hoc*, consultas distribuídas e pesquisa de texto completo.

As boas implementações do MongoDB incluem:

- Gerenciamento de conteúdo de alto volume.

- Redes sociais.

- Arquivamento.

- Análise em tempo real.

3.3.4.2 CouchDB.

O CouchDB[10] é um banco de dados não relacional e é um software livre. É mantido pela Apache Software Foundation[11] e está disponível sob a licença Apache v2.0. Ao contrário do MongoDB, o CouchDB foi projetado para imitar a web em todos os aspectos. Ele é resiliente a quedas de rede e continua a operar perfeitamente em áreas onde a conectividade de rede é irregular, mas tem a vantagem de ter todos os recursos ACID.

Por causa do mimetismo da web, o CouchDB é de alta latência, resultando em uma preferência por armazenamento de dados local. Embora seja capaz de funcionar de maneira não distribuída, o CouchDB não é adequado para implementações menores.

Os bancos de dados CouchDB são compostos de documentos que consistem em campos e anexos, bem como uma descrição do documento na forma de metadados que são mantidos automaticamente pelo sistema.

A principal vantagem do CouchDB sobre o relacional é que os dados são empacotados e prontos para manipulação ou armazenamento, em lugar estarem espalhados por linhas e tabelas.

O CouchDB também é um ecossistema com os seguintes recursos:

- Compactação. Os bancos de dados são compactados para eliminar o desperdício de espaço quando um determinado nível de vazio é atingido. Isso ajuda a performance e eficiência para

---

[10] couchdb.apache.org.

[11] www.apache.org.

persistência.

- Modelo de visualização. Um mecanismo para filtrar, organizar e exibir os dados, utilizando um conjunto de definições que são armazenadas como documentos no banco de dados. É possível encontrar uma relação um-para-muitos dos dados com as visualizações.

- Replicação e serviços distribuídos. O armazenamento de documentos é projetado para fornecer replicação bidirecional. Réplicas parciais podem ser mantidas para suportar distribuição baseada em critérios ou migração para dispositivos com conectividade limitada.

Implementações CouchDB eficazes incluem:

- Gerenciamento de conteúdo de alto volume.

- Escalonamento de smartphone para data center.

- Aplicativos com conectividade de rede limitada ou lenta.

3.3.5 Bancos de dados colunares.

Os bancos de dados relacionais, como já sabemos, são estruturados em linhas e colunas em que uma informação é armazenada em cada linha de uma coluna. MySQL, PostgreSQL, MS SQL e Oracle são exemplos deste tipo de banco de dados.

Em um banco de dados colunares, ou estruturado em colunas, como o Amazon Redshift e o Google BigQuery, os dados são armazenados em linhas.

Apesar de ser um detalhe quase irrelevante, é a característica estrutural mais importante dos bancos de dados colunares. É muito fácil adicionar colunas e elas podem ser adicionadas linha por linha, oferecendo grande flexibilidade, desempenho e escalabilidade.

Quando se tem volume e variedade de dados, como é o caso do Big Data, é bom considerar o uso deste tipo de banco de dados.

São vantagens desta abordagem:

- Maior compressão. Os dados de tipos iguais são armazenados juntos, há uma otimização de espaço utilizado.

- Eliminação da necessidade de índices. Por exemplo não é necessário rearranjar como as cores de blocos estão ordenadas. Existem outras opções de otimização como *sharding*[12].

- Alta-performance para operações de agregação.

Os bancos de dados colunares disponíveis no mercado desenvolveram outras otimizações para melhoria de performance, o que os torna ideais para times de Analytics que precisam lidar com grandes bases de dados, principalmente otimização de cruzamentos entre tabelas.

Os algoritmos de compressão operam melhor se os dados de entrada estiverem de alguma forma relacionados e isso fornece melhores taxas de compressão. O formato colunar pode tirar vantagem desse fato e cada coluna pode ser compactada individualmente com um esquema de compactação mais adequado para essa coluna.

---

[12] O sharding (inglês para fragmento, fragmentação) é uma forma de particionamento de banco de dados, também conhecido como particionamento horizontal. O processo envolve dividir um banco de dados muito grande em segmentos menores e mais gerenciáveis, com a ideia de melhorar o desempenho e reduzir o tempo de resposta de uma consulta.

Essa vantagem, entretanto, não está disponível nos armazenamentos em linha nos bancos de dados colunares, pois uma linha contém dados de vários tipos diferentes de colunas. A decisão de usar ou não usar um modelo de banco de dados colunar vai depender muito das necessidades do negócio da empresa.

As três características principais desse tipo de banco de dados, o tornam ideais para soluções que fazem operações massivas no banco, tais como agregações e cálculos. Também são ideais para aplicações que precisam fazer um número alto de leitura de dados do banco, tais como soluções de DW que normalmente possuem grande volumetria de dados que são consultadas para geração de relatórios e tomada de decisões.

Os bancos colunares podem se sair melhor do que bancos orientados a linha quando uma consulta precisa ler várias colunas. Por seu turno, os bancos orientados a linhas podem se sair melhor quando a consulta retorna um pequeno número de tuplas, fazendo com que o SGBD precise utilizar apenas uma instrução para isso.

3.3.5.1 HBase.

Um dos bancos de dados colunares mais populares é o HBase[13]. Este banco de dados também é um projeto em código aberto da Apache Software Foundation distribuído sob a Apache Software License v2.0.

O HBase usa o sistema de arquivo Hadoop e o mecanismo MapReduce para suas necessidades de armazenamento de dados principais. Seu design é baseado no BigTable do Google que é realmente uma forma eficiente de armazenamento de dados não relacionais.

As implementações do banco de dados colunar HBase são estruturadas do seguinte modo:

---

[13] hbase. Apache.org.

- Organização básica em mapas classificados, multidimensionais, altamente escaláveis, esparsos, distribuídos e persistentes.

- O mapa é indexado por uma chave de linha, chave de coluna e um carimbo de data/hora.

- Cada valor no mapa é uma matriz não interpretada de bytes.

Quando a implementação de Big Data requer acesso aleatório aos dados de leitura/gravação em tempo real, o Hbase é uma solução muito boa e é utilizado, em geral, para armazenar resultados para processamento analítico posterior.

Características importantes do HBase incluem o seguinte:

1. Consistência. Embora não seja uma implementação "ACID", o HBase oferece leituras e gravações fortemente consistentes e não é baseado em um modelo eventualmente consistente tornando possível utilizá-lo para requisitos de alta velocidade, desde que não precise dos "recursos extras" oferecidos pelo RDBMS, como suporte total a transações ou colunas digitadas.

2. *Sharding*. Como os dados são distribuídos pelo sistema de arquivos de suporte, o HBase oferece divisão e redistribuição transparente e automática de seu conteúdo.

3. Alta disponibilidade. Por meio da implementação de servidores regionais, o HBase oferece suporte a *failover*[14] e recuperação de

---

[14] *Failover* é a capacidade de alternar para um sistema de backup confiável. Ou seja, para servidores, a automação de *failover* inclui cabos de pulsação que conectam um par de servidores. O servidor secundário apenas descansa enquanto percebe que o pulso ou a pulsação contínua.

LAN e WAN. No núcleo, há um servidor mestre responsável por monitorar os servidores da região e todos os metadados do *cluster*.

4. *Client* API. O HBase oferece acesso programático por meio de uma API Java.

5. Suporte para operações de TI. Os implementadores podem expor o desempenho e outras métricas por meio de um conjunto de páginas da web integradas.

6. Implementações de HBase são mais adequadas para Coleta e processamento de dados incrementais em alto volume.

7. Troca de informações, tais como mensagens, em tempo real.

8. Mudança frequente de veiculação de conteúdo.

3.4   Bancos de dados grafo.

Os bancos de dados grafo foram criados especificamente para possibilitar o armazenamento de relacionamentos e a navegação por eles. Os relacionamentos são elementos distintos que agregam a maior parte do valor para os bancos de dados grafo.

Este tipo de bancos de dados utiliza nós para armazenar entidades de dados e bordas para armazenar os relacionamentos entre as entidades. Uma borda tem sempre um nó inicial, um nó final, um tipo e um direcionamento, o que possibilita a descrição dos relacionamentos entre pais e filhos, das ações, das propriedades e assim por diante. A quantidade e os tipos de relacionamentos que um nó pode ter são ilimitados.

Um grafo em um banco de dados grafo pode ser cruzado com tipos de borda específicos ou por todo o gráfico. Nos bancos de dados grafo, o cruzamento das associações ou dos relacionamentos ocorre muito rapidamente, uma vez que os relacionamentos entre os nós não são calculados no momento das consultas, mas persistem no banco de dados.

Os bancos de dados grafo são vantajosos em casos de uso como redes sociais, mecanismos de recomendação e detecção de fraudes, em que é necessário criar relacionamentos entre os dados e consultar rapidamente esses relacionamentos.

Este tipo de armazenamento e navegação não é possível em RDBMSs devido às estruturas rígidas das tabelas e à incapacidade de seguir as conexões entre os dados onde quer que eles possam nos levar.

O conceito de grafos é um exemplo de rede social. Considerando as pessoas, os nós, e seus relacionamentos (bordas), é possível descobrir quem são os "amigos dos amigos" de uma pessoa específica.

Os bancos de dados grafo podem ser utilizados em:

- Prevenção sofisticada contra fraudes. Com os bancos de dados grafo, é possível usar relacionamentos para processar transações financeiras e de compras praticamente em tempo real.

- Detecção da consistência de endereços de um possível comprador. Validar se ele está usando o mesmo endereço de e-mail e cartão de crédito que o usado em um caso de fraude conhecido é um processo muito rápido nesta tecnologia.

- Identificação de padrões de relacionamento, como várias pessoas associadas a um endereço de e-mail pessoal ou várias pessoas compartilhando o mesmo endereço IP, mas residentes em endereços físicos diferentes.

- Gerenciamento de dados geográficos para exploração de petróleo ou para modelar e otimizar as redes de um provedor de telecomunicações.

3.4.1 Neo4J.

Neo4J[15] é um banco de dados de transações ACID que oferece alta disponibilidade por meio de *cluster*ing. Criado em 2007, é um projeto de código aberto licenciado sob a licença pública GNU v3.0. Uma versão comercial com suporte é fornecida pela Neo Technology sob a GNU AGPL v3.0 e licença comercial.

O Neo4J é conhecido como um banco de dados de "grafo nativo", ou seja, fisicamente, na memória, os nós e relacionamentos apontam uns para os outros. Isso cria o que é chamado de adjacência livre de índices (index-free adjacency) e, desta forma, os sistemas de grafos nativos, como o Neo4J, podem fazer uma *query* através de travessias de grafos, pulando de um endereço para outro na memória de forma absurdamente rápida.

Este mecanismo, denominado como *pointer hoping,* é a forma mais rápida de um computador acessar um dado relacionado. Essa flexibilidade traz algumas limitações:

- Os nós não podem fazer referência a si mesmos diretamente. Por exemplo, você, como um nó, também não pode ser seu próprio pai ou mãe, como relacionamento, mas pode ser pai ou mãe.

- Pode haver casos do mundo real em que a autorreferência seja

---

[15] www.ne.o4j.org.

necessária. Em caso afirmativo, um gráfico de dados base não é a melhor solução, pois as regras sobre autorreferência são estritamente aplicadas.

- O Neo4J só pode replicar gráficos inteiros, colocando um limite no tamanho geral do gráfico de aproximadamente 34 bilhões de nós e 34 bilhões de relacionamentos.

Dentre as características mais importantes do Neo4J podemos citar:

- Integração com outros bancos de dados. Suporta gerenciamento de transações com reversão para permitir interoperabilidade contínua com armazenamentos de dados não gráficos.

- Serviços de sincronização. Oferece suporte a comportamentos orientados a eventos por meio de um barramento de eventos, sincronização periódica usando-o ou um RDBMS como mestre e sincronização tradicional em lote.

- Resiliência. Oferece suporte a backups frios (ou seja, quando o banco de dados não está em execução) e quentes (quando em execução), bem como um modo de agrupamento de alta disponibilidade. Alertas padrão estão disponíveis para integração com sistemas de gerenciamento de operações existentes.

- Linguagem de consulta. Suporta uma linguagem declarativa chamada Cypher, projetada especificamente para consultar gráficos e seus componentes. Os comandos Cypher são vagamente baseados na sintaxe SQL e são direcionados a consultas ad hoc dos dados do gráfico.

As implementações Neo4J são mais adequadas para:
- Redes sociais.

- Classificação de domínios biológicos ou médicos.

- Criação de comunidades dinâmicas de prática ou interesse.

3.5 Bancos de dados espaciais.

Os bancos de dados espaciais fazem, hoje, parte do nosso cotidiano. Interagimos com dados espaciais todos os dias. Ao se usar um smartphone, um GPS para obter direções para um lugar específico, um mecanismo de pesquisa com localização de algum endereço, estamos usando aplicativos que dependem de dados espaciais.

Os dados são padronizados por meio dos esforços do OGC[16], que estabelece o OpenGIS[17] e uma série de outros padrões para dados espaciais.

É importante estar atendo para estes detalhes de padronização, pois os bancos de dados espaciais são implementações dos padrões OGC e sua empresa pode ter necessidades específicas atendidas ou não por estes padrões.

Um banco de dados espacial torna-se importante quando as empresas começam a utilizar várias dimensões diferentes de dados para auxiliar o processo de tomada de decisão. Por exemplo, um meteorologista fazendo pesquisas pode querer armazenar e avaliar dados relacionados a um furacão, incluindo temperatura, velocidade do vento e umidade, e modelar esses resultados em três dimensões.

Em sua forma mais simples, os bancos de dados espaciais armazenam dados sobre objetos bidimensionais, 2,5 dimensionais e

---

[16] Open Geospatial Consortium. www.opengeospatial.org.

[17] Sistema de Informação Geográfica.

tridimensionais. Você provavelmente está familiarizado com objetos 2D e 3D, pois interagimos com eles o tempo todo.

Um objeto 2D tem comprimento e largura. Um objeto 3D adiciona profundidade ao comprimento e largura. Uma página deste livro é um objeto 2D, enquanto o livro inteiro é um objeto 3D. E quanto a 2.5D? Os objetos 2.5D são um tipo especial de dados espaciais. Eles são objetos 2D com elevação como a "meia" dimensão extra. A maioria dos bancos de dados espaciais 2.5D contém informações de mapeamento e são frequentemente chamados de GISs[18].

Os elementos atômicos dos bancos de dados espaciais são linhas, pontos e polígonos. Eles podem ser combinados de qualquer maneira para representar qualquer objeto restrito por 2, 2,5 ou 3 dimensões.

Devido à natureza especial dos objetos de dados espaciais, designers criaram mecanismos de indexação, índices espaciais, projetados para suportar consultas ad hoc e representações visuais do conteúdo do banco de dados.

Por exemplo, um índice espacial responderia à consulta "Qual é a distância entre um ponto e outro ponto?" ou "Uma linha específica se cruza com um determinado conjunto de polígonos?" Se isso parece um grande problema, é porque é.

Os dados espaciais podem representar o maior desafio de Big Data de todos.

---

[18] Geographic Information System - Sistemas de Informações Geográficas.

3.5.1   Suíte PostGIS / OpenGEO.

O PostGIS[19] é um projeto de código aberto mantido pela Refractions Research[20] e é licenciado sob a GNU GPL[21].

PostGIS também é fornecido como parte da edição da comunidade OpenGeo Suite e é oferecido e suportado pela OpenGeo[22] sob uma licença corporativa.

O PostGIS tem um projeto um pouco diferente dos outros bancos de dados discutidos neste livro. É uma implementação especializada em camadas em um banco de dados PostgreSQL.

Esta abordagem combinada traz os seguintes benefícios:

- Herdados de um RDBMS SQL, tais como integridade transacional e ACID.

- Herdados do banco de dados espacial, tais como o suporte para as operações especializadas necessárias para aplicativos espaciais de reprodução, suporte geodésico e conversão de geometria.

---

[19] www.postgis.org

[20] www.refractions.net.

[21]   General   Public   License.   É   a   designação   da licença   de software para software idealizada por Richard Matthew Stallman em 1989, no âmbito do projeto GNU da Free Software Foundation (FSF). Richard Stallman originalmente criou a licença para o Projeto GNU de acordo com as definições de software livre da Free Software Foundation.

[22] www.opengeo.org.

Mas para ter uma arquitetura com esta configuração é necessário incorporar outros componentes para atender aos requisitos de aplicativos espaciais. Assim, o PostGIS se integra a um ecossistema de componentes projetados para trabalhar juntos para atender a essas necessidades, o OpenGeo Suite.

Além do PostGIS, o OpenGEO Suite consiste nos elementos:

- GeoServer. Implementado em Java, o GeoServer pode publicar informações espaciais de várias das principais fontes de dados espaciais da web. Ele pode se integrar com o Google Earth e tem um excelente front-end administrativo baseado na web.

- OpenLayers. Uma biblioteca para JavaScript que é útil para exibir mapas e outras representações de dados espaciais em um navegador da web. Ele pode manipular imagens da maioria das fontes de mapeamento na web, incluindo Bing Maps, Google Maps, Yahoo! Maps e o OpenStreetMap.

- GeoExt. Projetado para tornar as informações de mapa do OpenLayers prontamente disponíveis para o desenvolvedor de aplicativos da web. Os widgets GeoExt podem ser usados para criar edição, visualização, estilo e outras experiências interativas da web.

- GeoWebCache. Depois de ter os dados em um servidor e poder exibi-los em um navegador, será necessário encontrar uma maneira de torná-lo rápido. O GeoWebCache é o acelerador. Ele armazena em cache pedaços de dados de imagem (chamados de blocos) e os disponibiliza para entrega rápida ao dispositivo de exibição.

Embora muitos dos usos de dados espaciais envolvam mapas e localizações, os dados espaciais têm muitas outras aplicações contemporâneas e futuras, incluindo:

- Modelagem 3D precisa do corpo humano, edifícios e atmosfera.

- Coleta e análise de dados de redes de sensores.

- Integração com dados históricos para examinar o espaço/objetos 3D ao longo do tempo.

4 Como Melhor Gerenciar do Big Data.

As empresas já conseguem fazer gerenciamento de Big Data por conta própria. À medida que mais e mais empresas adotam plataformas de Big Data, há preocupações de que o desenvolvimento de aplicativos possa sofrer com a falta de boas práticas para gerenciar os dados que os alimentam.

Quando se fala em gerenciamento de Big Data que incluem hardware de commodity e o Hadoop, fica claro que as tecnologias de Big Data criaram a necessidade de ferramentas e processos de gerenciamento de dados novos e diferentes.

O gerenciamento de Big Data não apenas inclui muitas das abordagens convencionais de modelagem e arquitetura de dados, mas também envolve um novo grupo de tecnologias e processos para permitir acessibilidade e usabilidade de dados mais amplas.

Uma estratégia de gerenciamento de Big Data deve abranger ferramentas que permitam a descoberta de dados, preparação de dados, acessibilidade de dados de autoatendimento, gerenciamento colaborativo de metadados semânticos, padronização e limpeza de dados e mecanismos de processamento de fluxo. Estar ciente dessas implicações pode acelerar drasticamente o time-to-value do seu programa de Big Data.

4.1 O que significa gerenciar um Big Data?

Gerenciar um Big Data é um desafio que se tornou essencial para muitas empresas e organizações nos dias de hoje. Com o avanço da tecnologia e o crescimento exponencial na geração e armazenamento de dados, cada vez mais informações estão disponíveis para serem analisadas e utilizadas de forma estratégica. No entanto, lidar com esse volume imenso de dados requer uma abordagem sistemática e eficiente.

Em termos simples, Big Data refere-se ao conjunto de dados extremamente volumosos, variados e complexos que inundam as organizações diariamente. Esses dados podem ser estruturados (como bancos de dados tradicionais), semiestruturados (como logs de servidores) ou não estruturados (como e-mails, vídeos, documentos de texto, posts em redes sociais etc.).

O objetivo do gerenciamento de big data é garantir um alto nível de qualidade e acessibilidade de dados para aplicativos de business intelligence e análise de big data. Corporações, agências governamentais e outras organizações empregam estratégias de gerenciamento de big data para ajudá-las a lidar com conjuntos de dados em rápido crescimento, normalmente envolvendo muitos terabytes ou até mesmo petabytes armazenados em diversos formatos de arquivo.

O gerenciamento eficaz de big data ajuda particularmente as empresas a localizar informações valiosas em grandes conjuntos de dados não estruturados e semiestruturados de diversas fontes, incluindo registros detalhados de chamadas, registros do sistema, sensores, imagens e sites de mídia social.

Gerenciar um Big Data envolve diversas etapas e processos. A primeira e principal delas é a coleta de dados. Isso pode ser feito através de diversas fontes, como sistemas internos da organização, sensores, dispositivos móveis, mídias sociais, sites, entre outros. O desafio aqui é garantir que todos os dados sejam coletados de forma precisa, relevante e em tempo hábil.

Após a coleta, os dados precisam ser armazenados em uma infraestrutura adequada, capaz de lidar com a enorme quantidade de informações. Isso geralmente requer o uso de tecnologias de armazenamento distribuído, como o Hadoop e o sistema de arquivos distribuídos (DFS). Essas soluções permitem que os dados sejam divididos em várias unidades de armazenamento, facilitando a recuperação e o processamento posterior.

Uma vez que os dados estão armazenados, a próxima etapa é a análise. A análise de Big Data pode ser dividida em várias abordagens, como análise descritiva, análise preditiva e análise prescritiva. A análise descritiva visa entender o passado e responder perguntas como "o que aconteceu?".

A análise preditiva busca prever eventos futuros com base em padrões e correlações encontradas nos dados. Já a análise prescritiva vai além, recomendando ações específicas para otimizar resultados e tomar decisões estratégicas. Além disso, a análise de Big Data também pode envolver métodos estatísticos avançados, aprendizado de máquina e inteligência artificial para descobrir insights ocultos e identificar padrões complexos nos dados.

Uma das principais razões pelas quais as organizações estão interessadas em gerenciar o Big Data é a oportunidade de aproveitar essas informações para obter vantagem competitiva. Com dados bem gerenciados e uma análise adequada, é possível identificar tendências de mercado, compreender melhor o comportamento do cliente, otimizar processos internos, identificar problemas e oportunidades de negócios, e muito mais.

No entanto, gerenciar um Big Data apresenta desafios significativos. Primeiramente, é necessário ter infraestrutura e capacidade de armazenamento adequadas para lidar com a quantidade massiva de dados. Isso requer investimentos em servidores, redes, armazenamento em nuvem e outras tecnologias de Big Data.

Em segundo lugar, a qualidade dos dados também é um fator crítico. Muitas vezes, os dados estão incompletos, inconsistentes, desatualizados ou podem conter erros. Portanto, é essencial implementar processos de limpeza, enriquecimento e integração de dados para garantir a confiabilidade e a qualidade dos mesmos.

Além disso, a segurança dos dados também é uma preocupação fundamental. À medida que os dados se tornam mais valiosos e mais utilizados, eles se tornam alvos frequentes de ataques cibernéticos. Portanto, é vital adotar medidas de segurança robustas, como criptografia, firewalls, autenticação de usuários e backups regulares, para proteger as informações.

Outro desafio é a privacidade dos dados. Com a implementação de regulamentações como o GDPR (Regulamento Geral de Proteção de Dados), as empresas devem garantir que estejam em conformidade com as leis de privacidade e o consentimento dos usuários ao coletar, armazenar e utilizar os dados.

4.2   Top orientações do que fazer e não fazer em Big Data.

Os gestores das empresas estão mudando seus pensamentos sobre o Big Data. Cada vez mais, os líderes organizacionais estão reconhecendo a importância de capturar e analisar estrategicamente os dados por diferentes razões.

Para muitas corporações, esse processo rapidamente se transforma em um exercício irresistível. Com o acesso a fontes de dados mais recentes, como streaming de dados de dispositivos, dados não estruturados de redes sociais e dados transacionais on-line, muitas empresas não sabem por onde começar a procurar respostas, muito menos como fazer as perguntas certas.

Mas veja que indicador impressionante. Segundo um estudo da IDG Research, somente 26% dos entrevistados disseram que suas empresas sabem quais perguntas fazer.

As 8 orientações do que fazer e não fazer são as seguintes:

1º. Menos é mais.

Quando se trata de gerenciar o Big Data, é importante adotar uma abordagem estratégica desde o início. Uma dica valiosa é seguir a máxima do minimalismo: menos é mais. Em vez de tentar abordar um projeto ambicioso em grande escala, é benéfico começar com projetos pilotos menores. Isso permite que as empresas testem a capacidade tecnológica e meçam os resultados de forma mais direta e mensurável.

Começar com projetos pilotos é crucial por várias razões. Em primeiro lugar, permite que as empresas avaliem o impacto e o valor agregado do Big Data em suas operações. Ao iniciar com um projeto menor, é possível analisar como as soluções de Big Data podem ser aplicadas em um contexto específico e entender melhor as necessidades e os desafios envolvidos.

Além disso, os projetos pilotos permitem que as empresas identifiquem quais tecnologias e abordagens funcionam melhor para suas necessidades, evitando investimentos desnecessários. Testar diferentes soluções em um ambiente controlado ajuda a determinar quais tecnologias são mais eficientes, escaláveis e adequadas para lidar com os requisitos específicos de um determinado conjunto de dados.

Ao escolher os projetos pilotos, é fundamental selecionar os certos. É importante considerar não apenas a relevância do projeto para a empresa, mas também sua viabilidade técnica. Projetos que são mais fáceis de serem mensurados e têm um escopo mais gerenciável são ideais para começar. Isso permite que as empresas obtenham resultados tangíveis e se familiarizem com os desafios e as oportunidades oferecidos pelo Big Data.

Além disso, é essencial envolver as partes interessadas e as equipes relevantes. Uma colaboração efetiva é fundamental para o sucesso dos projetos e para alcançar resultados significativos. Ao envolver as partes interessadas desde o início, é possível obter insights valiosos, compartilhar conhecimentos e garantir o alinhamento com as metas e os objetivos do negócio.

Outro aspecto a ser considerado ao trabalhar com o Big Data é a qualidade geral dos dados. À medida que os conjuntos de dados aumentam em tamanho e complexidade, é crucial garantir a qualidade e a integridade dos dados. Isso inclui a limpeza e a padronização dos dados, a identificação e a correção de erros, e a garantia de que os dados estejam atualizados e precisos.

Investir em uma estratégia eficaz de gerenciamento de dados é fundamental para garantir que os dados utilizados em projetos de Big Data sejam confiáveis e precisos. Isso envolve a implementação de processos de coleta, armazenamento e análise de dados de alta qualidade, bem como a adoção de ferramentas e tecnologias que facilitam a gestão e a governança de dados.

É importante, também, considerar a segurança dos dados no contexto do Big Data. Medidas de segurança robustas devem ser implementadas para proteger os dados contra ameaças internas e externas. Isso envolve a adoção de criptografia, políticas de acesso restrito, monitoramento constante e a implementação de controles de segurança adequados.

É essencial que as empresas adotem uma abordagem escalável ao gerenciar o Big Data. À medida que o volume de dados cresce, é necessário ter a capacidade de dimensionar a infraestrutura e os recursos tecnológicos para lidar com a demanda. Isso inclui a adoção de soluções de armazenamento em nuvem, o uso de tecnologias de processamento distribuído, como Hadoop e Spark, e a implementação de estratégias de escalabilidade horizontal.

2º. Medir é a chave do negócio.

Para melhor gerenciar o Big Data, é crucial entender que a medição desempenha um papel fundamental. Ao adotar uma abordagem correta, é importante não direcionar todos os esforços exclusivamente para atender às necessidades das áreas de negócio. É essencial que as empresas pensem de forma global, mas ajam de forma local para garantir um sucesso mais tangível.

Uma orientação estratégica eficaz é buscar projetos que possam ter um Retorno sobre o Investimento (ROI) mensurável imediatamente. Isso significa investir em iniciativas que tragam resultados palpáveis e quantificáveis rapidamente, permitindo uma avaliação clara dos benefícios obtidos com a análise de dados em larga escala.

Para isso, é necessário desenvolver uma compreensão completa das necessidades e objetivos da organização como um todo, a fim de identificar as áreas em que o Big Data pode contribuir consideravelmente. É importante envolver todos os setores relevantes, desde o departamento de TI até as áreas de vendas, marketing, finanças, entre outros.

Outro aspecto crucial é garantir a implementação de sistemas adequados para coleta, armazenamento e análise de grandes volumes de dados. Isso envolve a adoção de tecnologias avançadas, como armazenamento em nuvem, processamento distribuído e ferramentas de mineração de dados.

É essencial ter uma equipe capacitada e experiente para lidar com o Big Data. Isso inclui profissionais especializados em análise de dados, estatística, ciência de dados e conhecimento em tecnologias relacionadas. Essa equipe deve estar preparada para extrair insights significativos dos dados e transformá-los em informações acionáveis para impulsionar a tomada de decisões estratégicas.

Não concentre os esforços exclusivamente nas necessidades das áreas de negócio. O sucesso é mais tangível quando as empresas pensam globalmente, mas atuam localmente. O objetivo é encontrar projetos com ROI imediatamente mensuráveis".

3º. Tenha uma abordagem passo a passo.

Para melhor gerenciar o Big Data, é recomendado adotar uma abordagem passo a passo. Muitas empresas cometem o erro de tentar resolver problemas desconhecidos com dados desconhecidos, o que pode levar a resultados ineficazes ou mesmo desperdício de recursos. As empresas mais bem-sucedidas, por outro lado, começam abordando um problema conhecido de uma maneira nova e inovadora.

Essa abordagem gradual permite construir uma base sólida de conhecimento e experiência na utilização do Big Data. Ao começar resolvendo um problema conhecido, as empresas têm a oportunidade de aprender e aprimorar suas estratégias, ao mesmo tempo em que se familiarizam com os dados disponíveis e com as ferramentas de análise.

Após resolver o problema conhecido com novas abordagens e técnicas, o próximo passo é aplicar o conhecimento adquirido para resolver o mesmo problema utilizando os novos dados disponíveis. Essa comparação direta permite avaliar o impacto das abordagens inovadoras e a eficácia dos novos dados na solução do problema.

À medida que a empresa adquire experiência e conhecimento na utilização do Big Data, é possível expandir o escopo e resolver problemas desconhecidos. Os novos dados disponíveis podem revelar desafios e oportunidades que antes não eram conhecidos. Dessa forma, a empresa consegue explorar novas áreas de negócio e tomar decisões mais embasadas, impulsionando seu crescimento.

Essa abordagem passo a passo traz uma série de benefícios, como uma transição suave para o uso do Big Data, minimizando riscos e garantindo resultados tangíveis. Além disso, ao longo do processo, a empresa desenvolve competências fundamentais, como uma cultura orientada por dados, capacitação da equipe e seleção das melhores ferramentas e tecnologias disponíveis.

4º. Pense estrategicamente, aja de modo tático.

A orientação para melhor gerenciar o Big Data envolve uma abordagem estratégica e tática. Muitas empresas optam por projetos de Big Data com o objetivo de resolver um problema de negócio específico. No entanto, essa abordagem geralmente é vista como uma experiência isolada, sem continuidade.

Para obter resultados bem-sucedidos, é fundamental definir objetivos estratégicos claros. Dessa forma, será possível realizar uma série de projetos que se complementam e contribuem para o valor e potencial efetivo do Big Data.

Pensar estrategicamente implica em entender quais são os desafios e oportunidades que o Big Data pode oferecer para a empresa. É necessário avaliar como e onde os dados podem ser coletados, armazenados e analisados de forma a fornecer insights valiosos para a tomada de decisões. Além disso, é importante determinar quais são as metas de negócio que se deseja alcançar por meio do uso do Big Data.

Já agir de modo tático diz respeito à implementação dos projetos e à criação de uma infraestrutura adequada de Big Data. Isso inclui a seleção das ferramentas e tecnologias mais apropriadas, a definição de processos de coleta e tratamento de dados, e a capacitação da equipe responsável pela gestão do Big Data.

Uma abordagem estratégica e tática para o gerenciamento do Big Data permite que as empresas aproveitem ao máximo o potencial dessa tecnologia. Ao realizar projetos consistentes e contínuos, é possível obter insights valiosos, melhorar processos, identificar oportunidades de crescimento e, consequentemente, obter vantagem competitiva.

É importante ressaltar que todo esse processo requer também uma cultura organizacional voltada para a valorização e utilização efetiva do Big Data. É necessário envolvimento e comprometimento dos colaboradores, além de uma mentalidade aberta para a adoção de mudanças e inovação.

5º. Distribua seus dados.

A orientação para melhor gerenciar o Big Data envolve a distribuição inteligente dos dados em diferentes servidores. Ao lidar com quantidades massivas de informações, é importante reconhecer que é improvável que um único servidor possa gerenciar eficientemente todos esses dados.

Distribuir os dados em vários servidores traz uma série de benefícios. Primeiro, permite uma melhor utilização dos recursos disponíveis, uma vez que cada servidor pode se concentrar em uma parcela específica dos dados. Isso leva a uma maior capacidade de processamento e menor tempo de resposta.

Além disso, a distribuição dos dados proporciona uma maior redundância e resiliência. Caso um servidor apresente problemas técnicos ou falhas, os demais servidores continuarão operando normalmente, garantindo a disponibilidade contínua dos dados.

Outro benefício da distribuição dos dados é a capacidade de escalabilidade horizontal. À medida que a quantidade de dados aumenta, é possível adicionar mais servidores ao cluster, garantindo uma capacidade de armazenamento e processamento adequada.

No entanto, é importante ressaltar que a distribuição dos dados requer uma abordagem cuidadosa. É necessário considerar fatores como a estrutura dos dados, os padrões de acesso e os requisitos de desempenho para determinar a melhor forma de particionar e distribuir os dados entre os servidores.

Além disso, é essencial ter em mente os desafios de sincronização e coordenação ao trabalhar com dados distribuídos. Mecanismos e protocolos adequados devem ser implementados para garantir a consistência e integridade dos dados em todo o cluster.

6º. Não confie em uma única abordagem para Big Data Analytics.

A orientação para melhor gerenciar o Big Data envolve não confiar em uma única abordagem em relação às análises de dados. É essencial investir tempo na investigação e exploração das diversas tecnologias disponíveis que podem auxiliar nesse processo. Experimentar e pesquisar soluções tecnológicas pode ser um elemento crucial para o sucesso da sua empresa nessa área.

O ambiente de Big Data está em constante evolução, com o surgimento de novas ferramentas e tecnologias que permitem a coleta, armazenamento e análise eficaz de grandes volumes de dados. Portanto, é fundamental estar atualizado em relação às tendências e inovações do setor, a fim de aproveitar ao máximo o potencial do Big Data.

Existem várias opções tecnológicas disponíveis para auxiliar no gerenciamento e análise de Big Data. Isso inclui plataformas de processamento e armazenamento distribuído, sistemas de gerenciamento de banco de dados especializados, ferramentas de visualização de dados e técnicas avançadas de análise, como aprendizado de máquina e inteligência artificial.

Investigar e experimentar diferentes tecnologias permite que você identifique aquelas que se adequam melhor às necessidades específicas da sua empresa. Cada solução tem suas próprias vantagens e desafios, portanto, é importante considerar fatores como escalabilidade, desempenho, facilidade de uso, custo e capacidade de integração com os sistemas existentes da sua organização.

Além disso, a investigação e experimentação de soluções tecnológicas não se limitam apenas às ferramentas disponíveis no mercado. Também é possível explorar soluções personalizadas, desenvolvidas internamente ou em parceria com fornecedores especializados. Essa abordagem permite que você adapte as soluções às necessidades específicas da sua empresa e alcance um maior grau de eficiência e eficácia na análise de Big Data.

É importante destacar que essa exploração e investigação tecnológica requer investimento de tempo, recursos e conhecimento especializado. É necessário dedicar recursos adequados para a pesquisa, teste e implementação das soluções selecionadas.

7º. Não negligencie a necessidade de integrar dados.

A orientação para melhor gerenciar o Big Data inclui a necessidade fundamental de integrar os dados. Não se pode negligenciar a importância de conectar e combinar diferentes fontes de dados em um único ecossistema, pois isso é essencial para obter insights valiosos e tomar decisões estratégicas informadas.

Quando as fontes de Big Data estão isoladas umas das outras, é difícil ter uma visão completa e abrangente das informações. Embora cada fonte possa fornecer insights valiosos por si só, a verdadeira potência do Big Data é desbloqueada quando essas fontes são integradas e analisadas em conjunto.

Felizmente, existem tecnologias avançadas disponíveis no mercado que se concentram especificamente em facilitar a integração dos resultados da análise de Big Data com outras fontes de dados. Essas tecnologias oferecem recursos robustos de integração e permitem que as organizações agreguem e correlacionem informações de diversas fontes, como bancos de dados internos, mídias sociais, dados de sensores e muito mais.

Ao estar preparado não apenas para analisar, mas também para integrar os dados, as empresas podem obter uma visão mais abrangente e contextualizada do seu ambiente de negócios. Isso possibilita a descoberta de insights mais precisos e profundos, que podem levar a uma compreensão mais completa dos clientes, identificação de padrões e tendências, detecção de oportunidades de mercado e melhoria da tomada de decisões estratégicas.

No entanto, a integração de dados não é um processo simples e pode apresentar desafios. Diferentes fontes de dados podem ter formatos, estruturas e sistemas de gerenciamento diferentes, o que requer um cuidadoso trabalho de mapeamento e transformação dos dados para garantir sua compatibilidade e consistência.

Além disso, é importante considerar aspectos como privacidade, segurança e conformidade ao realizar a integração de dados. Proteger a confidencialidade e integridade das informações, assim como garantir o cumprimento das regulamentações pertinentes, é fundamental em um ambiente de Big Data.

8º. Não se esqueça de gerenciar dados com segurança.

A orientação para melhor gerenciar o Big Data inclui a necessidade crucial de priorizar a segurança e a governança dos dados. É comum que as empresas, ao embarcarem na análise de Big Data, se concentrem exclusivamente nas possibilidades e vantagens que os dados podem oferecer, negligenciando a importância de manter o mesmo nível de segurança e governança de dados encontrado em ambientes tradicionais de gerenciamento de dados.

No entanto, o Big Data, com suas enormes quantidades de informações e o uso de tecnologias disruptivas, apresenta desafios únicos em termos de segurança e governança. Ignorar esses aspectos pode levar a riscos graves, como violações de privacidade, vazamento de dados sensíveis e danos à reputação da empresa.

A primeira etapa para garantir a segurança dos dados de Big Data é implementar medidas adequadas de proteção, como criptografia, autenticação e autorização.

É crucial ter políticas claras de acesso e controle de informações, além de mecanismos robustos de monitoramento e detecção de atividades suspeitas.

Além disso, é essencial estabelecer uma governança eficaz dos dados de Big Data. Isso significa definir políticas e diretrizes para a coleta, armazenamento, análise e compartilhamento de dados, garantindo o cumprimento das regulamentações e normas aplicáveis. Também é importante designar responsabilidades claras e estabelecer um processo de tomada de decisão transparente em relação ao gerenciamento e proteção dos dados.

Outro aspecto crítico é a conscientização e treinamento dos funcionários. Todos os membros da equipe devem estar cientes das boas práticas de segurança e governança de dados, bem como dos riscos envolvidos na manipulação de informações de Big Data. A cultura organizacional deve priorizar a segurança dos dados, promovendo a importância da proteção da privacidade e a conformidade com as políticas estabelecidas.

Além disso, é vital acompanhar as mudanças nos requisitos regulatórios e legais relacionados à segurança e privacidade dos dados. É necessário estar atualizado sobre as leis de proteção de dados, como a Lei Geral de Proteção de Dados (LGPD) no Brasil e o Regulamento Geral de Proteção de Dados (GDPR) na União Europeia, e garantir sua conformidade por meio de práticas adequadas.

Não se pode esquecer que o gerenciamento seguro de dados de Big Data também requer a implementação de medidas de segurança física, como controle de acesso às instalações e proteção contra roubos e danos físicos aos servidores e infraestrutura de armazenamento.

Além disso, é importante considerar a realização de auditorias regulares para identificar possíveis vulnerabilidades e garantir que os controles de segurança estejam sendo efetivos. Isso inclui a revisão de políticas, procedimentos e sistemas de segurança, bem como a realização de testes de penetração e avaliações de conformidade.

Ao lembrar-se de gerenciar dados com segurança no contexto do Big Data, as empresas podem mitigar riscos e proteger a confidencialidade, integridade e disponibilidade de suas informações críticas. Isso não apenas evita potenciais danos financeiros e de reputação, mas também instila confiança nos clientes, parceiros e demais partes interessadas.

Quando as empresas embarcam na análise de Big Data muitas vezes se esquecem de manter o mesmo nível de segurança e governança de dados que é assumido em ambientes tradicionais de gerenciamento de dados.

Não há nenhuma fórmula mágica quando se trata de análises de dados, mas o sucesso pode começar com uma estratégia sólida. Esperamos que você possa usar essas dicas para recolher informações valiosas, que vão te ajudar na otimização de processos ou até mesmo em melhorias voltadas para o cliente.

4.3   Dicas para melhores resultados.

Aqui estão nove dicas importantes do gerenciamento de Big Data que é sempre bom saber para se ter a garantia de consistência e confiança em seus resultados analíticos.

1º. Tentar zerar o risco de inconsistência e interpretações conflitantes é uma meta.

Para reduzir o risco de inconsistência e interpretações conflitantes é necessário aplicar sempre boas práticas no gerenciamento de metadados para grandes conjuntos de dados.

Isso significa adotar procedimentos sólidos para documentar o glossário de negócios, mapear termos de negócios para elementos de dados e manter um ambiente colaborativo para compartilhar interpretações e métodos de manipulação de dados para fins analíticos.

Gerenciar Big Data envolve um novo grupo de tecnologias e processos para permitir maior acessibilidade e usabilidade de dados.

2º. A qualidade pode ser enganosa.

Em sistemas convencionais, a padronização e a limpeza de dados são aplicadas no armazenamento dos dados em seu modelo predefinido. Uma das consequências da implementação do Big Data, que recupera dados em seu formato original, é que nenhuma limpeza ou padronização é aplicada quando os conjuntos de dados são capturados.

3º. O desempenho melhora quando se tem domínio da arquitetura.

As plataformas de Big Data dependem de nós de processamento e armazenamento de dados para computação paralela usando armazenamento distribuído.

No entanto, se não há familiarização com os detalhes de qualquer modelo de otimização e execução de consultas do SQL-on-Hadoop, sua equipe poderá ser desagradavelmente surpreendida com tempos de respostas muito ruins.

Por exemplo, JOINS complexos podem requerer que partes de conjuntos de dados distribuídos sejam transmitidos para todos os nós de computação, causando inúmeros dados a serem injetados na rede e criando um gargalo significativo no desempenho.

O resultado é que entender como a arquitetura de Big Data organiza os dados e como o modelo de execução de banco de dados otimiza as consultas ajudará as equipes de programação a escrever aplicativos com desempenho mais alto.

4º. Concentre os dados de transações financeiras.

É natural que uma empresa faça transações financeiras no dia a dia. Quando isso acontece, ela precisa garantir que os dados relacionados sejam corretamente armazenados em um único local.

Ter todos os dados de transações financeiras armazenados é importante para que os pagamentos sejam feitos sempre de forma rápida e prática, estreitando também o relacionamento da sua empresa com os seus fornecedores.

5º. Faça uso dos dados na tomada de decisões assertivas.

A assertividade é um conceito, muitas vezes, visto de forma errada, como se estivesse relacionado à acerto. Porém, algo assertivo é mais visto como uma maneira de se posicionar, de fazer algo de forma clara, objetiva e transparente.

É por isso que se diz, no meio empresarial, que a tomada de decisões precisa ser assertiva nas empresas, e o Big Data pode ser útil para isso.

6º. Estamos em novo mundo de streaming.

No passado até tempos recentes, muitos dos dados coletados e consumidos para fins analíticos se originavam dentro da empresa e eram armazenados em repositórios de dados estáticos.

Atualmente, há uma explosão de dados de streaming. Temos o conteúdo gerado por seres humanos, como dados transmitidos de canais de mídia social, blog, e-mails etc.

Temos dados gerados por máquina a partir de inúmeros sensores, dispositivos, medidores e outras máquinas conectadas à internet. Temos conteúdo de streaming gerado automaticamente, como registro de eventos da web. Todas essas fontes geram grandes quantidades de dados e são a principal fonte de análise.

7º. Disponibilidade é tudo quando se fala de Big Data.

Os usuários atuais querem acessar e preparar os dados operacionais e realizar cruzamentos com as fontes de dados de Big Data para elaborar seus relatórios e análises em torno de suas necessidades de negócios.

A disponibilidade do Big Data é essencial para este tipo de comportamento, pois a empresa não investe nesta tecnologia para ter que esperar a recuperação de indisponibilidades para tomadas de decisão que pressupõem fluxos contínuos de dados em tempo real.

8º. Não é o modelo de dados da década de 1970.

Em uma abordagem mais tradicional, capturar e armazenar dados para relatórios e análises concentra-se na absorção de dados em uma estrutura predefinida. Mas, no mundo do Gerenciamento de Big Data, a expectativa é que, tanto os conjuntos de dados estruturados quanto os não estruturados possam ser processados e armazenados em seus formatos originais ou brutos, evitando o uso de modelos de dados predefinidos.

O benefício é que diferentes usuários podem adaptar os conjuntos da maneira que melhor atende às suas necessidades.

9º. Utilize o Big Data no setor financeiro.

Muitos são os dados gerados pelas empresas todos os dias, independentemente do seu tamanho ou porte. Nesses dados, incluem-se as informações financeiras, como os relatórios de fluxo de caixa, o método de pagamento escolhido pelos clientes, as despesas tidas pela empresa em determinado período etc.

Todos esses dados citados, entre outros, afetam diretamente o setor financeiro das empresas e é por isso que o Big Data deve ser utilizado, com a finalidade de tornar tudo isso mais organizado e proporcionar melhores resultados envolvendo as finanças.

O Big Data pode ajudar também na prevenção de fraudes e na análise de perfil de cada cliente. Outra vantagem é a possibilidade de utilizar os dados para ajudar na previsão de flutuações econômicas e mercadológicas, de modo que os investimentos possam ser mais precisos e seguros.

5 Ferramentas e Recursos de Gerenciamento de Big Data.

As principais ferramentas de gerenciamento de dados também são componentes essenciais para o gerenciamento de big data. Isso inclui software de integração de dados que suporta múltiplas técnicas de integração, como processos ETL (Extração, Transformação e Carga) tradicionais.

Esses processos são responsáveis por extrair dados de várias fontes, transformá-los para atender aos requisitos da análise e, em seguida, carregá-los em um destino, como um data warehouse ou data lake. O software de integração de dados também pode incluir recursos de mapeamento visual para facilitar o mapeamento de dados entre diferentes sistemas.

5.1   ETL versus ELT.

Uma abordagem alternativa ao ETL é o ELT (Extração, Carga e Transformação), em que os dados são carregados no sistema de big data exatamente como estão e, em seguida, transformados conforme necessário. Essa abordagem pode ser mais eficiente para lidar com grandes volumes de dados, uma vez que o processamento pesado ocorre no ambiente de big data, que geralmente é altamente escalável.

A diferença entre ETL (Extract, Transform, Load) e ELT (Extract, Load, Transform) é fundamental no processo de gerenciamento e integração de dados. Ambas as abordagens são amplamente utilizadas na preparação e manipulação de grandes volumes de dados, mas há distinções importantes entre elas.

Vamos começar com o ETL. Essa abordagem tradicional envolve três etapas distintas: extração, transformação e carga. No processo de ETL, os dados são inicialmente extraídos de várias fontes, como bancos de dados, sistemas legados, APIs ou arquivos CSV.

Em seguida, os dados extraídos passam por um estágio de transformação, onde são limpos, enriquecidos, combinados e formatados para atender aos requisitos específicos do projeto ou das análises a serem realizadas. Por fim, os dados transformados são carregados em um data warehouse ou em outro ambiente de armazenamento para análise.

A abordagem ELT, por outro lado, inverte a ordem das etapas do processo. Inicialmente, os dados são extraídos das várias fontes e, em seguida, são carregados diretamente no ambiente de armazenamento, que pode ser um data lake ou um data warehouse. Em seguida, a fase de transformação ocorre posteriormente, dentro do ambiente de armazenamento, utilizando ferramentas específicas ou serviços de processamento distribuído. Isso permite que os dados brutos sejam preservados no armazenamento sem a necessidade de transformá-los imediatamente na etapa de extração.

Existem algumas vantagens específicas associadas a cada abordagem. No caso do ETL, a transformação dos dados ocorre antes do armazenamento, o que permite que os dados já estejam prontos para serem utilizados em relatórios ou análises, reduzindo o tempo necessário para preparação posterior. Além disso, o ETL é particularmente adequado quando há a necessidade de consolidar e integrar dados de diferentes origens em um único esquema.

Por outro lado, o ELT se destaca pela sua escalabilidade e flexibilidade. Ao carregar os dados brutos diretamente no ambiente de armazenamento, é possível explorar e transformar os dados posterior

Além disso, as ferramentas de integração de dados também estão evoluindo para lidar com a integração em tempo real. Em vez de se concentrarem em cargas em batch, essas ferramentas são capazes de capturar e processar dados em tempo real, permitindo uma análise em tempo real e a tomada de decisões baseadas em insights atualizados.

Outro componente fundamental no gerenciamento de big data é o software de qualidade de dados. Essa ferramenta é usada para automatizar tarefas de limpeza, validação e enriquecimento de dados, garantindo que os dados estejam corretos, consistentes e confiáveis para análise. A qualidade dos dados é fundamental para obter resultados precisos e confiáveis das análises de big data.

5.2 Hadoop versus Apache Spark.

Além das ferramentas de gerenciamento de dados, existem várias soluções de armazenamento e processamento específicas para big data. O Hadoop é uma das estruturas mais populares para processamento distribuído de big data. Ele permite o processamento paralelo de grandes volumes de dados em clusters de servidores commodity, dividindo as tarefas em várias unidades de trabalho. O Hadoop é composto por várias ferramentas, como o HDFS (Hadoop Distributed File System) para armazenamento distribuído, o MapReduce para processamento paralelo e frameworks adicionais, como o Hive, Pig e HBase, que facilitam a consulta, análise e manipulação dos dados.

Além do Hadoop, outra tecnologia popular no gerenciamento de big data é o Spark. O Apache Spark é um mecanismo de processamento de dados em memória que oferece velocidade e eficiência para análises em larga escala. O Spark oferece uma API rica e suporta várias linguagens de programação, permitindo que os desenvolvedores criem pipelines de dados complexos e executem operações avançadas, como aprendizado de máquina e processamento de grafos.

Hadoop e Apache Spark são duas poderosas ferramentas utilizadas no ecossistema de big data, cada uma com suas próprias características e capacidades. Embora compartilhem algumas semelhanças no processamento e análise de grandes volumes de dados, existem diferenças importantes entre as duas.

Hadoop é um framework de código aberto desenvolvido para lidar com o armazenamento e processamento distribuído de grandes conjuntos de dados em clusters de hardware comum. Em seu núcleo, o Hadoop consiste em dois principais componentes: o Hadoop Distributed File System (HDFS) para armazenamento distribuído e o modelo de processamento MapReduce para o processamento distribuído de dados. O HDFS divide os dados em blocos e os distribui por vários nós no cluster, garantindo tolerância a falhas e alta disponibilidade.

O MapReduce permite o processamento paralelo, dividindo os dados e as tarefas em subconjuntos menores, que são processados no cluster e combinados para obter o resultado final.

Por outro lado, o Apache Spark é outro framework de computação distribuída de código aberto, projetado para lidar com o processamento e análise de dados em grande escala. Ao contrário do Hadoop, o Spark oferece um modelo de programação mais flexível e expressivo, permitindo que os desenvolvedores escrevam tarefas complexas de processamento de dados de forma mais eficiente.

O Spark oferece processamento de dados em memória, o que acelera significativamente a computação, mantendo os dados em memória em vez de depender apenas do armazenamento em disco. Além disso, o Spark oferece uma ampla gama de recursos de processamento de dados além do modelo tradicional MapReduce, como processamento em lote, streaming em tempo real, aprendizado de máquina e processamento de grafos, tornando-o uma escolha versátil para diversos casos de uso de big data.

Uma das principais diferenças entre o Hadoop e o Spark está nas suas características de desempenho. Devido à sua dependência no armazenamento em disco e à sobrecarga do modelo de processamento MapReduce, o Hadoop pode ter tempos de execução de consulta mais lentos em comparação com o Spark, especialmente para tarefas de análise iterativa e interativa.

As capacidades de processamento em memória do Spark e sua capacidade de armazenar dados intermediários em memória levam a um processamento de dados e execução de consultas muito mais rápidos, o que é particularmente benéfico para cargas de trabalho em tempo real ou interativas.

Outra diferença importante está nas interfaces de programação. O Hadoop utiliza principalmente a linguagem Java para desenvolver tarefas MapReduce, embora também existam opções para usar outras linguagens, como Python ou Pig Latin.

Por outro lado, o Spark fornece um conjunto rico de APIs que suportam a codificação em várias linguagens, incluindo Java, Scala, Python e R, permitindo que os desenvolvedores escolham a linguagem com a qual se sintam mais confortáveis. Essa flexibilidade torna o Spark mais acessível a um público mais amplo de desenvolvedores e facilita a integração com fluxos de trabalho de processamento de dados existentes.

Em termos de ecossistema e suporte da comunidade, tanto o Hadoop quanto o Spark possuem comunidades vibrantes e ecossistemas diversos de ferramentas e tecnologias complementares. O Hadoop possui um ecossistema mais maduro, com uma ampla variedade de ferramentas e projetos que o suportam, como o Hive para consultas SQL, o HBase para bancos de dados NoSQL e o Flume para ingestão de dados em tempo real. O Spark, embora mais recente, também tem um ecossistema em crescimento, com ferramentas como o Spark SQL para consultas SQL, o MLlib para aprendizado de máquina e a integração com outras bibliotecas populares de big data.

Ao decidir entre Hadoop e Spark, é importante considerar os requisitos e as características específicas do projeto. Para tarefas que exigem processamento distribuído tradicional e integração com o ecossistema Hadoop, o Hadoop pode ser a escolha ideal. Já o Spark é mais adequado para tarefas que se beneficiam do processamento em memória e de uma ampla variedade de recursos de processamento de dados.

O Hadoop continua sendo uma opção robusta para cargas de trabalho de big data, enquanto o Spark continua ganhando popularidade pela sua velocidade e flexibilidade. Ambos têm suas vantagens e desvantagens, e a escolha depende das necessidades e objetivos do projeto.

5.3   Data lakes versus data warehouses.

No contexto de armazenamento de dados, os data lakes ganharam destaque como uma abordagem para armazenar grandes volumes de dados brutos de várias fontes em seu formato nativo. Os data lakes são geralmente construídos na nuvem e oferecem flexibilidade e escalabilidade para lidar com o crescimento contínuo dos dados. Esses repositórios de dados permitem acesso fácil e rápido aos dados brutos, possibilitando a exploração e análise posterior.

Além dos data lakes, os data warehouses são usados para armazenar e organizar dados estruturados para fins de análise. Os data warehouses são projetados para oferecer consultas rápidas e eficientes, geralmente usando esquemas de armazenamento otimizados e índices. Esses sistemas são populares em empresas que têm requisitos de análise de dados mais estruturados e precisam de respostas rápidas para perguntas específicas.

Data lakes e data warehouses são dois termos comumente utilizados no mundo do armazenamento e processamento de dados. Embora ambos tenham o objetivo principal de armazenar e gerenciar grandes quantidades de dados, existem algumas diferenças importantes entre eles.

Um data lake, como o próprio nome sugere, é um repositório centralizado de dados brutos. Ele armazena todo tipo de dado, sejam estruturados, semiestruturados ou não estruturados, em seu formato original. Isso significa que os dados não são transformados ou processados antes de serem armazenados no data lake. Essa abordagem oferece flexibilidade e escalabilidade, pois todos os dados são mantidos em sua forma bruta e podem ser utilizados para uma variedade de finalidades, como análises, modelagem de machine learning e geração de relatórios. Além disso, o data lake permite a inclusão de dados em tempo real, como fluxos de streaming. No entanto, sem uma camada de organização adequada, o data lake pode se tornar um "cemitério de dados", onde os dados podem se tornar difíceis de navegar e entender.

Por outro lado, um data warehouse é um repositório de dados estruturados, otimizado para consultas e análises de dados. Ao contrário do data lake, os dados no data warehouse passam por um processo de modelagem, limpeza e transformação antes de serem armazenados. Esse processo é conhecido como ETL (Extração, Transformação e Carga).

O objetivo é organizar os dados de maneira que sejam mais facilmente compreensíveis e acessíveis para análises de negócios. Geralmente, os data warehouses seguem um esquema dimensional, com tabelas de fatos e dimensões, permitindo a realização de consultas complexas e a obtenção de insights valiosos. No entanto, o data warehouse pode ser mais rígido e menos flexível em comparação com o data lake, já que os dados são estruturados antes de serem armazenados.

Então, qual é a melhor opção? A escolha entre data lake e data warehouse depende das necessidades e objetivos de cada empresa ou projeto. O data lake é mais adequado quando há

5.4   Apache Hive versus Apache Impala.

Em termos de consulta e análise de dados, as ferramentas de consulta SQL, como o Apache Hive e o Apache Impala oferecem uma maneira familiar de interagir com dados de big data usando a linguagem de consulta estruturada SQL. Essas ferramentas permitem que os usuários executem consultas complexas e agregações em grandes conjuntos de dados, facilitando a extração de insights e a geração de relatórios.

O Apache Hive e o Apache Impala são duas ferramentas populares no ecossistema do Hadoop usadas para consulta e processamento de dados. Embora ambos tenham como objetivo facilitar o acesso aos dados armazenados no Hadoop, existem algumas diferenças importantes entre eles.

O Hive é uma camada de abstração que permite consultas SQL em grandes conjuntos de dados no Hadoop. Ele é construído em cima do framework MapReduce do Hadoop e usa uma linguagem SQL-like chamada HiveQL para escrever consultas. O Hive é projetado para trabalhar com dados estruturados e segue uma abordagem batch, o que significa que as consultas são processadas em grandes lotes. Isso torna o Hive mais adequado para consultas complexas que envolvem grandes volumes de dados. No entanto, devido à natureza batch do Hive, o tempo de latência pode ser maior em comparação com outras soluções.

Por outro lado, o Impala é um mecanismo de consulta de alto desempenho e interativo para o Hadoop. Diferente do Hive, o Impala é construído para consultas em tempo real e rápido acesso aos dados. Ele foi desenvolvido para suportar consultas interativas e ad hoc, oferecendo baixa latência. O Impala também usa uma linguagem SQL-like, conhecida como Impala SQL, para realizar consultas. Ele aproveita a memória distribuída para armazenar dados intermediários, o que resulta em uma execução mais rápida das consultas. No entanto, o Impala tende a ter melhor desempenho em consultas de dados estruturados, enquanto pode ser menos eficiente em cenários de dados semiestruturados ou não estruturados.

Outra diferença significativa entre o Hive e o Impala está na maneira como eles lidam com o armazenamento dos dados. O Hive é baseado em tabelas particionadas e interage diretamente com o armazenamento distribuído do Hadoop, como HDFS ou Amazon S3.

Por outro lado, o Impala possui seu próprio formato de armazenamento distribuído, o Kudu, que foi projetado para oferecer alta velocidade e baixa latência para consulta. O Kudu suporta tanto inserção quanto consulta de dados, tornando-o uma opção atraente para casos de uso que requerem operações de gravação e leitura simultâneas.

Portanto, o Apache Hive é uma opção sólida para consultas em lote e processamento de dados em larga escala, adequado para casos de uso que envolvem grandes volumes de dados estruturados. O Hive oferece a flexibilidade do SQL e a integração com o ecossistema do Hadoop. Por outro lado, o Apache Impala destaca-se por sua velocidade e desempenho em consultas interativas e em tempo real. É ideal para casos de uso que demandam baixa latência e acesso rápido a dados estruturados.

No entanto, é importante notar que Hive e Impala não são necessariamente concorrentes diretos. Eles podem, na verdade, complementar-se em diferentes cenários de uso. Muitas organizações adotam uma abordagem híbrida, usando o Hive para consultas em lote e preparação de dados, e o Impala para consultas interativas e exploração de dados em tempo real.

A escolha entre Hive e Impala depende das necessidades específicas do projeto e das características dos dados a serem processados. É importante considerar fatores como desempenho, flexibilidade, tempo de resposta e tamanho do conjunto de dados ao decidir qual ferramenta utilizar. Ambas as opções têm seu valor e podem desempenhar um papel importante no ecossistema do Hadoop, dependendo do contexto e dos requisitos do projeto em questão.

5.5   Apache Cassandra versus MongoDB.

Além das ferramentas mencionadas, existem muitas outras soluções e plataformas de gerenciamento de big data disponíveis. Alguns exemplos incluem o Apache Cassandra e o MongoDB, que são bancos de dados NoSQL projetados para lidar com grandes volumes de dados não estruturados e semiestruturados. Essas soluções são altamente escaláveis e permitem consultas rápidas e flexíveis em conjuntos de dados distribuídos.

Ambos são projetados para escalabilidade horizontal e flexibilidade de esquema, mas existem diferenças significativas entre eles.

O Apache Cassandra é um banco de dados distribuído, altamente escalável e altamente disponível, projetado para lidar com grandes volumes de dados e cargas de trabalho intensivas em leitura e gravação. Ele segue um modelo de dados baseado em colunas, o que significa que os dados são organizados em tabelas de colunas.

O Cassandra é conhecido por sua capacidade de lidar com grandes volumes de dados e por sua arquitetura distribuída, permitindo que ele seja executado em vários nós e data centers, oferecendo alta disponibilidade e tolerância a falhas. Além disso, o Cassandra oferece suporte a consulta por meio de sua linguagem de consulta CQL (Cassandra Query Language).

Por outro lado, o MongoDB é um banco de dados NoSQL orientado a documentos. Ele armazena dados em documentos no formato BSON (Binary JSON), que é uma representação binária do JSON. Isso permite uma flexibilidade de esquema, onde os documentos não precisam seguir uma estrutura rígida.

O MongoDB é conhecido por sua facilidade de uso, escalabilidade e consultas ricas. Ele suporta uma variedade de consultas, incluindo consultas ad hoc, agregação de dados e indexação flexível. O MongoDB também oferece recursos avançados, como replicação e balanceamento de carga automático.

No que diz respeito à escalabilidade, o Cassandra foi projetado para lidar com grandes volumes de dados e oferece uma forte consistência nos dados gravados. Ele é adequado para ambientes em que a escalabilidade e a disponibilidade são essenciais, como sistemas de gerenciamento de conteúdo, aplicativos de mídia social e análise de big data em tempo real.

O MongoDB, por sua vez, é mais adequado para aplicativos que exigem flexibilidade de esquema e consultas complexas em tempo real, como aplicativos da web, análise de dados e gerenciamento de registros.

Em termos de comunidade e ecossistema, tanto o Cassandra quanto o MongoDB possuem comunidades ativas e uma ampla variedade de ferramentas e recursos complementares. Ambos têm suporte para várias linguagens de programação e integração com frameworks populares, tornando-os versáteis e fáceis de integrar em diferentes pilhas tecnológicas.

Ao escolher entre Apache Cassandra e MongoDB, é importante considerar os requisitos específicos do projeto. Se você precisa de escalabilidade extrema, alta disponibilidade e suporte a grandes volumes de dados, o Cassandra pode ser a escolha ideal. Ele é altamente tolerante a falhas e é projetado para lidar com cargas de trabalho distribuídas em grande escala. No entanto, a modelagem de dados e a consulta podem exigir uma abordagem cuidadosa devido à natureza das colunas.

Por outro lado, se flexibilidade de esquema, consultas ricas e facilidade de uso são mais importantes para o seu projeto, o MongoDB pode ser a opção preferida. Ele oferece uma experiência de desenvolvimento mais intuitiva, suporta esquemas dinâmicos e permite consultas ad hoc complexas. No entanto, para cargas de trabalho com volumes extremamente altos ou requisitos de consistência rígida, é importante considerar as opções de escalabilidade e restrições do MongoDB.

Assim, o Apache Cassandra é ideal para cenários que exigem escalabilidade massiva, alta disponibilidade e baixa latência em gravações intensivas de dados. O MongoDB é uma escolha sólida quando a flexibilidade de esquema, consultas complexas e facilidade de uso são fatores-chave.

Ambos os bancos de dados têm suas vantagens e podem desempenhar papéis importantes em diferentes cenários de aplicativos. A escolha final depende das necessidades do projeto, dos requisitos de desempenho, da estrutura dos dados e das preferências da equipe de desenvolvimento.

5.6   Serviços de armazenamento em nuvem.

Outras ferramentas importantes no gerenciamento de big data incluem os serviços de armazenamento em nuvem, como o Amazon S3, Google Cloud Storage e Microsoft Azure Blob Storage. Esses serviços oferecem escalabilidade, durabilidade e acesso rápido aos dados, sendo amplamente utilizados para armazenar os grandes volumes de dados de um ambiente de big data. Além disso, esses serviços também fornecem recursos de segurança e gerenciamento de acesso aos dados armazenados.

Para lidar com o processamento em tempo real de dados em streaming, existem várias tecnologias, como Apache Kafka, Apache Flink e Apache Storm. Essas ferramentas permitem o processamento contínuo de dados em tempo real, permitindo que as organizações analisem eventos em tempo real, detectem padrões e tomem ações imediatas com base nos insights obtidos.

É importante ressaltar que não existe uma solução única e universal no gerenciamento de big data. Cada organização terá suas próprias necessidades e requisitos específicos, e a seleção das ferramentas e plataformas corretas dependerá dessas necessidades. O ecossistema de big data está em constante evolução, com o surgimento de novas tecnologias e soluções que visam tornar o gerenciamento de big data mais eficiente, escalável e acessível.

Para atender às crescentes demandas relacionadas ao processamento e análise de grandes volumes de dados, as empresas têm buscado soluções mais eficientes e flexíveis. Isso tem levado cada vez mais as cargas de trabalho de big data a serem executadas na nuvem, proporcionando uma série de vantagens e possibilidades.

A migração das cargas de trabalho de big data para a nuvem permite que as empresas alcancem uma escalabilidade mais fácil, ou seja, são capazes de aumentar ou diminuir a capacidade de processamento conforme necessário. Isso significa que as empresas não precisam investir em infraestrutura de hardware própria, o que pode ser caro e demorado. Em vez disso, elas podem configurar seus próprios sistemas na nuvem ou optar por utilizar ofertas de serviços gerenciados de provedores confiáveis.

Nesse cenário, os principais fornecedores de gerenciamento de big data ocupam um lugar de destaque. Líderes de mercado como AWS (Amazon Web Services), Google e Microsoft oferecem plataformas em nuvem robustas e escaláveis, que permitem às empresas armazenar, processar e analisar grandes volumes de dados com eficiência e rapidez. Essas plataformas fornecem uma ampla gama de serviços, desde serviços de armazenamento até ferramentas avançadas de análise de dados.

Além dos gigantes da nuvem, também existem outras empresas que se especializaram em oferecer soluções de gerenciamento de big data. Cloudera e Databricks são exemplos de fornecedores que se concentraram principalmente em aplicativos e ferramentas de big data. Essas empresas oferecem plataformas e serviços avançados para a análise de dados em larga escala, permitindo que as empresas extraiam insights valiosos e tomem decisões mais informadas.

Ao adotar soluções de gerenciamento de big data na nuvem, as empresas ganham escalabilidade flexível, ajustando-se às demandas variáveis e otimizando custos. Com serviços gerenciados, podem escolher ferramentas específicas dos provedores de nuvem que melhor atendem às suas necessidades, garantindo maior flexibilidade e eficiência.

Uma das principais vantagens da execução de cargas de trabalho de big data na nuvem é a capacidade de processar e analisar grandes volumes de dados de forma rápida e eficiente. A infraestrutura escalável dos provedores de nuvem permite que as empresas dimensionem seus recursos de processamento de acordo com as demandas do projeto, garantindo o desempenho ideal durante todo o processo.

Os provedores de nuvem também oferecem recursos avançados de segurança para proteger os dados durante todo o ciclo de vida do processo de big data. Isso inclui medidas como criptografia de dados, autenticação de usuários, monitoramento de acesso e backups automáticos, garantindo a confidencialidade e a integridade dos dados.

Outra vantagem significativa da execução de cargas de trabalho de big data na nuvem é a redução dos custos operacionais. Ao utilizar serviços gerenciados na nuvem, as empresas eliminam a necessidade de manter e atualizar uma infraestrutura física, o que resulta em economia de custos significativa. Além disso, os modelos de precificação flexíveis dos provedores de nuvem permitem que as empresas paguem apenas pelos recursos que realmente utilizam, reduzindo ainda mais os custos operacionais.

6 Armadilhas a Serem Evitadas para ter o Melhor Gerenciamento de Big Data.

O gerenciamento de big data tem se tornado cada vez mais importante para empresas de todos os setores, pois a quantidade de dados gerados e disponíveis atualmente é exponencial. No entanto, é preciso tomar cuidado para evitar cair em armadilhas que possam comprometer a eficiência desse gerenciamento e, consequentemente, os resultados obtidos. Neste texto, irei abordar algumas dessas armadilhas e fornecer dicas para evitá-las.

A falta de um planejamento adequado é uma armadilha comum no gerenciamento de big data e pode comprometer significativamente os resultados obtidos pelas empresas. Muitas organizações são atraídas pela promessa de insights e vantagens competitivas que o gerenciamento de big data pode oferecer, e acabam mergulhando na coleta de dados sem uma estratégia clara em mente.

Definir objetivos e metas é essencial para o sucesso do gerenciamento de big data. Sem ter uma direção clara, as empresas podem acabar coletando dados desnecessários ou se perdendo na vastidão de informações disponíveis. É crucial identificar o propósito do gerenciamento de big data e como ele se alinha aos objetivos estratégicos da organização. Isso pode incluir aumentar a eficiência operacional, aprimorar a experiência do cliente, identificar oportunidades de mercado ou melhorar a tomada de decisões.

Além de estabelecer objetivos, é importante definir métricas de sucesso para medir o impacto do gerenciamento de big data. Essas métricas podem variar de acordo com os objetivos estabelecidos, e podem incluir indicadores como aumento da receita, redução de custos, melhoria da satisfação do cliente ou eficiência no processamento de dados. Ter métricas claras permite que a empresa acompanhe seu progresso e avalie se está alcançando os resultados desejados.

Outra armadilha relacionada à falta de planejamento é a falta de uma estrutura adequada para a coleta e armazenamento dos dados. O gerenciamento de big data envolve lidar com grandes volumes de informações provenientes de diversas fontes. Sem uma estrutura adequada, os dados podem ficar desorganizados, dificultando a análise e a obtenção de insights relevantes. É necessário definir um sistema de coleta de dados que seja eficiente e consistente, garantindo a integridade e qualidade dos dados desde o momento de sua captura.

Além disso, é essencial ter um sistema de armazenamento e gerenciamento adequado para os dados coletados. A escolha de uma infraestrutura de armazenamento escalável e segura é fundamental para lidar com a enorme quantidade de dados gerados no contexto do big data.

A falta de uma estrutura robusta de armazenamento pode levar a problemas como a perda de dados, baixa performance e dificuldades na análise dos dados. É importante investir em tecnologias e soluções de armazenamento adequadas, como bancos de dados NoSQL, data warehouses ou serviços de armazenamento em nuvem, que possam lidar com a escalabilidade e a variedade dos dados.

Além do planejamento adequado para a coleta e armazenamento dos dados, é igualmente importante considerar a governança dos dados. Muitas empresas enfrentam o desafio de lidar com dados desestruturados, inconsistentes e desatualizados.

A falta de uma governança adequada pode levar a problemas como duplicação de dados, falta de padronização e dificuldades na identificação das fontes dos dados. É fundamental estabelecer políticas e processos para garantir a qualidade, integridade e segurança dos dados ao longo de sua vida útil. Isso inclui a definição de responsabilidades, a implementação de práticas de limpeza e enriquecimento dos dados, a padronização de formatos e a adoção de técnicas de gerenciamento de metadados.

Outra armadilha comum é a sobrevalorização da quantidade de dados em detrimento da qualidade. Muitas vezes, as empresas se concentram em coletar a maior quantidade possível de dados, mas negligenciam a importância da relevância e qualidade desses dados. O foco deve estar na obtenção dos dados certos, que sejam relevantes para as necessidades do negócio. Nem todos os dados são igualmente úteis ou representativos, e a análise de dados irrelevantes ou de baixa qualidade pode levar a resultados imprecisos e conclusões equivocadas. É necessário definir critérios claros para a seleção e avaliação dos dados, levando em consideração sua origem, confiabilidade e relevância para as análises.

Outra armadilha a ser evitada é a falta de controle e monitoramento adequados do uso dos dados. O gerenciamento de big data envolve lidar com informações sensíveis, como dados pessoais de clientes, informações financeiras ou estratégicas da empresa. É essencial implementar medidas de segurança robustas para proteger esses dados contra acessos não autorizados, violações de privacidade e ataques cibernéticos.

Além disso, é importante ter controle sobre quem tem acesso aos dados e como eles são utilizados. A falta de controle e monitoramento adequados pode levar ao mau uso dos dados, violação de regulamentações de proteção de dados e consequências jurídicas e reputacionais para a empresa. É recomendado implementar políticas de acesso e uso dos dados, definindo permissões de acesso com base nas responsabilidades e necessidades dos usuários, além de realizar auditorias regulares para garantir a conformidade e identificar eventuais irregularidades.

É essencial estabelecer o propósito do uso dos dados, identificar as informações relevantes a serem coletadas e determinar as métricas que serão utilizadas para avaliar o sucesso do gerenciamento. Sem um planejamento estratégico, é fácil se perder na imensidão de dados e não obter os resultados desejados.

Outra armadilha comum é subestimar a importância da qualidade dos dados. A coleta de informações massivas pode ser impressionante, mas se os dados forem imprecisos, incompletos ou desatualizados, todo o esforço de gerenciamento será em vão. É fundamental investir tempo e recursos na verificação e limpeza dos dados, garantindo sua qualidade antes de serem utilizados para análises e tomadas de decisão. Além disso, é importante estabelecer processos de monitoramento contínuo para garantir que os dados continuem confiáveis ao longo do tempo.

Uma armadilha relacionada à qualidade dos dados é a falta de integração entre diferentes fontes de informação. Muitas vezes, as empresas lidam com dados provenientes de várias fontes diferentes, como sistemas internos, redes sociais, sites de análise de mercado, entre outros. Para um gerenciamento eficiente de big data, é necessário integrar essas diferentes fontes de dados, garantindo sua coerência e fornecendo uma visão completa das informações disponíveis. A falta de integração pode levar a análises incompletas e conclusões errôneas.

Outra armadilha a ser evitada é a falta de recursos adequados para o gerenciamento de big data. O processamento, armazenamento e análise de grandes volumes de dados exigem infraestrutura robusta e sistemas eficientes. É necessário investir em equipamentos, tecnologias e soluções de software adequadas para lidar com a complexidade e o volume dos dados. Além disso, também é importante contar com profissionais capacitados e experientes, como cientistas de dados e engenheiros de big data, para garantir o correto uso e interpretação dos dados.

A falta de segurança dos dados é outra armadilha comum. O gerenciamento de big data envolve lidar com informações sensíveis e confidenciais, o que requer a implementação de medidas robustas de segurança. Isso inclui o uso de criptografia, controle de acesso adequado, monitoramento de atividades suspeitas e backups regulares dos dados. Uma violação de segurança pode comprometer a integridade dos dados, a privacidade dos clientes e a reputação da empresa, tornando a proteção dos dados uma prioridade absoluta.

Similarmente, a falta de governança adequada também pode se tornar uma armadilha. É essencial estabelecer políticas, diretrizes e processos claros para o uso, acesso e compartilhamento dos dados. Isso inclui definir responsabilidades, limitar o acesso a informações sensíveis e estabelecer procedimentos para a exclusão e retenção dos dados. A ausência de governança pode levar a decisões baseadas em dados inconsistentes, falta de conformidade com regulamentações e até mesmo ações judiciais.

Por fim, é importante destacar a armadilha de se prender apenas à tecnologia. Embora a implementação de tecnologias adequadas seja essencial para o gerenciamento eficiente de big data, não se pode negligenciar o aspecto humano.

O sucesso do gerenciamento de big data depende tanto da tecnologia quanto das pessoas envolvidas. É necessário capacitar e educar as equipes para utilizar corretamente os dados, interpretar análises e tomar decisões baseadas em evidências. A colaboração entre diferentes áreas e a comunicação efetiva também desempenham um papel crucial no gerenciamento de big data.

Assim, para evitar as armadilhas no gerenciamento de big data, é fundamental:

1   Realizar um planejamento estratégico: Estabeleça objetivos claros, identifique as informações relevantes e defina métricas de sucesso.

2   Garantir a qualidade dos dados: Invista na verificação, limpeza e monitoramento dos dados para assegurar sua precisão e confiabilidade.

3   Integrar diferentes fontes de informação: Integre os dados de diversas fontes para obter uma visão completa e coerente das informações disponíveis.

4   Dispor de recursos adequados: Invista em infraestrutura, tecnologias e profissionais capacitados para lidar com os desafios do gerenciamento de big data.

5   Priorizar a segurança dos dados: Implemente medidas de segurança robustas para proteger as informações sensíveis e confidenciais.

6   Estabelecer governança adequada: Defina políticas, diretrizes e processos claros para o uso, acesso e compartilhamento dos dados.

7   Valorizar o aspecto humano: Capacite as equipes, promova a colaboração e comunique de forma eficiente para garantir o uso efetivo dos dados.

Com a conscientização dessas armadilhas e a adoção de práticas adequadas, as empresas estarão mais preparadas para obter o máximo valor e benefícios do gerenciamento de big data. Vale ressaltar que o cenário do big data está em constante evolução, e é importante estar atualizado sobre as novas tecnologias e abordagens para garantir resultados cada vez mais eficientes.

7 Conclusão.

Ao longo deste livro, exploramos os fundamentos, desafios e estratégias para a gestão de Big Data, um dos pilares fundamentais no universo tecnológico atual. Analisamos os principais aspectos desse campo, desde os desafios inerentes ao gerenciamento de grandes volumes de dados até as ferramentas mais avançadas para otimizar resultados. Discutimos também a importância das estruturas de dados, com destaque para bancos relacionais, não relacionais e híbridos, além de estratégias práticas para superar armadilhas comuns e maximizar a eficiência em ambientes corporativos.

Com exemplos concretos, casos de sucesso e orientações detalhadas, você adquiriu não apenas conhecimento técnico, mas também insights estratégicos que poderão transformar sua visão sobre o impacto do Big Data em negócios e na sociedade. A gestão eficaz de dados é mais do que um diferencial — é uma competência essencial para profissionais e organizações que desejam prosperar em um mundo orientado por informações.

Uma jornada mais ampla

Este livro é apenas um passo em uma jornada indispensável no campo da ciência de dados e da inteligência artificial. Ele faz parte da coleção "Big Data", que aborda, em volumes complementares, outros aspectos críticos deste universo, como a implementação de estratégias de Big Data, administração eficiente de dados e governança de informações em cenários complexos.

Além disso, a coleção faz parte de um projeto ainda mais abrangente: "Inteligência Artificial: O Poder dos Dados". Composto por 49 volumes, esse projeto explora em profundidade temas como integração de sistemas de IA, análise preditiva e o uso de algoritmos avançados para decisões estratégicas. Cada livro contribui com um componente essencial para profissionais que desejam compreender e dominar o impacto da inteligência artificial e da ciência de dados.

Ao adquirir e explorar os demais volumes da coleção, disponíveis na Amazon, você terá em mãos uma visão holística e profunda, que não só otimiza a governança de dados, mas também amplia as oportunidades de alavancar a inteligência artificial para alcançar resultados transformadores.

O aprendizado não termina aqui — ele apenas começa. Que este livro seja o ponto de partida para sua evolução no fascinante universo da gestão de Big Data e da inteligência artificial.

8 Bibliografia.

ACQUISTI, A., BRANDIMARTE, L., & LOEWENSTEIN, G. (2015). Privacy and human behavior in the age of information. Science, 347(6221), 509-514. Disponível em: https://www.heinz.cmu.edu/~acquisti/papers/Acquisti-Science-Privacy-Review.pdf.

ACQUISTI, A., TAYLOR, C., & WAGMAN, L. (2016). The economics of privacy. Journal of Economic Literature, 54(2), 442-92.

AKIDAU, Tyler, CHERNYAK, Slava, LAX, Reuven. (2019). Streaming Systems: The What, Where, When, and How of Large-Scale Data Processing.

ALGORITHMWATCH. (2019) Automating Society 2019. Disponível em: https://algorithmwatch.org/en/automating-society-2019/

ARMSTRONG, M. (2006). Competition in two-sided markets. The RAND Journal of Economics.

ARMSTRONG, M. (2006). Competition in two-sided markets. The RAND Journal of Economics, 37(3), 668-691.

BELKIN, N.J. (1978). Information concepts for information science. Journal of Documentation, v. 34, n. 1, p. 55-85.

BOLLIER, D., & Firestone, C. M. (2010). The promise and peril of Big Data. Washington, DC: Aspen Institute, Communications and Society Program.

BOYD, D; CRAWFORD, K. (2012). Critical Questions for Big Data: Provocations for a Cultural, Technological, and Scholarly Phenomenon. Information, Communication, & Society v.15, n.5, p. 662-679.

BRETON, P. & PROULX S. (1989). L'explosion de la communication. la naissance d'une nouvelle idéologie. Paris: La Découverte.

BUBENKO, J. A., WANGLER, B. (1993). "Objectives Driven Capture of Business Rules and of Information System Requirements". IEEE Systems Man and Cybernetics'93 Conference, Le Touquet, France.

CHEN, H., CHIANG, R. H., & STOREY, V. C. (2012). Business Intelligence and Analytics: From Big Data to Big Impact. MIS Quarterly.

CHENG, Y., Qin, c., & RUSU, F. (2012). Big Data Analytics made easy. SIGMOD '12 Proceedings of the 2012 ACM SIGMOD International Conference on Management of Data New York.

COHEN, Reuven. (2012). Brazil's Booming Business of Big Data – Disponível em: https://www.forbes.com/sites/reuvencohen/2012/12/12/brazil s-booming-business-of-bigdata/?sh=1de7e6bc4682

COMPUTERWORLD. (2016) Dez casos de Big Data que garantiram expressivo retorno sobre investimento. Disponível em: https://computerworld.com.br/plataformas/10-casos-de-big-data-que-garantiram-expressivo-retorno-sobre-investimento/.

DAVENPORT, T. H. (2014). Big Data no trabalho: derrubando mitos e descobrindo oportunidades. Rio de Janeiro: Elsevier.

DAVENPORT, T; PATIL, D. (2012). Data scientist: the sexiest job of the 21st century. Harvard Business Review. Disponível em: https://hbr.org/2012/10/data-scientist-the-sexiest-job-of-the-21st-century.

DAVENPORT, T; PATIL, D. (2012). Data scientist: the sexiest job of the 21st century. Harvard Business Review. Disponível em: https://hbr.org/2012/10/data-scientist-the-sexiest-job-of-the-21st-century.

DIXON, James. 2010. Pentaho, Hadoop, and Data Lakes. Blog, October. Disponível em: https://jamesdixon.wordpress.com/2010/10/14/pentaho-hadoop-and-data-lakes/

EDWARD Choi, M. T. (2017). RETAIN: An Interpretable Predictive Model for Healthcare using Reverse Time Attention Mechanism. Disponível em https://arxiv.org/pdf/1608.05745.pdf

GLASS, R. ;CALLAHAN, (2015).S. The Big Data-Driven Business: How to Use Big Data to Win Customers, Beat Competitors, and Boost Profit. New Jersey: John Wiley & Sons, Inc.

GÓMEZ-BARROSO, J. L. (2018). Experiments on personal information disclosure: Past and future avenues. Telematics and Informatics, 35(5), 1473-1490.Disponível em: https://doi.org/10.1016/j.tele.2018.03.017

GUALTIERI, M. (2013). Big Data Predictive Analytics Solutions. Massachusetts: Forrester.

HALPER, F. (2013). How To Gain Insight From Text. TDWI Checklist Report.

HALPER, F., & KRISHNAN, K. (2013). TDWI Big Data Maturity Model Guide Interpreting Your Assessment Score. TDWI Benchmark Guide 2013–2014.

HELBING, D. (2014). The World after Big Data: What the Digital Revolution Means for Us. Disponível em: http://papers.ssrn.com/sol3/papers.cfm?abstract_id=2438957.

HELBING, D. (2015a). Big Data Society: Age of Reputation or Age of Discrimination?. In: HELBING, D. Thinking Ahead-Essays on Big Data, Digital Revolution, and Participatory Market Society. Springer International Publishing. p. 103-114.

HELBING, D. (2015b). Thinking Ahead-Essays on Big Data, Digital Revolution, and Participatory Market Society. Springer International Publishing.

HILBERT, M. (2013). Big Data for Development: From Information to Knowledge Societies. Disponível em https://www.researchgate.net/publication/254950835_Big_Dat a_for_Development_From_Information-_to_Knowledge_Societies.

IBM. (2014). Exploiting Big Data in telecommunications to increase revenue, reduce customer churn and operating costs. Fonte: IBM: http://www-01.ibm.com/software/data/bigdata/industry-telco.html.

INMON, W. H. (1992). Building the Data Warehouse. John Wiley & Sons, New Yorkm NY, USA.

INMON, W. H. (1996). Building the Data Warehouse. John Wiley & Sons, New Yorkm NY, USA.2nd edition.

JARVELIN, K. & Vakkari, P. (1993) The evolution of Library and Information Science 1965-1985: a content analysis of journal articles. Information Processing & Management, v.29, n.1, p. 129-144.

KAMIOKA, T; TAPANAINEN, T. (2014). Organizational use of Big Data and competitive advantage - Exploration of Antecedents. Disponível em: https://www.researchgate.net/publication/284551664_Organiz ational_Use_of_Big_Data_and_Competitive_Advantage_-_Exploration_of_Antecedents.

KANDALKAR, N.A; WADHE, A. (2014). Extracting Large Data using Big Data Mining, International Journal of Engineering Trends and Technology. v. 9, n.11, p.576-582.

KIMBALL, R.; ROSS, M. (2013). The Data Warehouse Toolkit: The Definitive Guide to Dimensional Modeling, Third Edition. Wiley 10475 Crosspoint Boulevard Indianapolis, IN 46256: John Wiley & Sons, Inc.

KSHETRI, N. (2014). Big Data' s impact on privacy, security and consumer welfare. Telecommunications Policy, 38 (11), 1134-1145.

LAVALLE, S., LESSER, E., SHOCKLEY, R., HOPKINS, M. S., & KRUSCHWITZ, N. (2010). Big Data, Analytics and the Path From Insights to Value.

LOHR, S. (2012). The Age of Big Data. The New York Times.

MACHADO, Felipe Nery Rodrigues. 2018. Banco de Dados-Projeto e Implementação. [S.l.]: Editora Saraiva.

MANYIKA, J., CHUI, M., BROWN, B., BUGHIN, J., DOBBS, R., ROXBURGH, C., & BYERS, A. H. (2011). Big Data: The next frontier for innovation, competition, and productivity.

OHLHORST, J. F. (2012). Big Data Analytics: Turning Big Data into Big Money. Wiley.

OSWALDO, T., PJOTR, P., MARC, S., & RITSERT, C. J. (2011). Big Data, but are we ready? Disponível em: https://www.nature.com/articles/nrg2857-c1.

PAVLO, A., PAULSON, E., RASIN, A., ABADI, D. J., DEWITT, D. J., MADDEN, S., & STONEBRAKER, M. (2009). A comparison of approaches to large-scale data analysis. SIGMOD, pp. 165–178.

RAJ, P., & DEKA, G. C. (2012). Handbook of Research on Cloud Infrastructures for Big Data Analytics. Information Science: IGI Global.

SUBRAMANIAM, Anushree. 2020. What is Big Data? – A Beginner's Guide to the World of Big Data. Disponível em: edureka.co/blog/what-is-big-data/.

TANKARD, C. (2012). Big Data security, Network Security, Volume 2012, Issue7, July 2012, Pages 5 -8, ISSN 1353-4858.

TM FORUM. (2005). Sla management handbook - volume 2. Technical Report GB9712, TeleManagement Forum.

VAISHNAVI, V. K., & KUECHLER, W. (2004). Design Science Research in Information Systems.

VAN AALST, W. M., VAN HEE, K. M., VAN WERF, J. M., & VERDONK, M. (March de 2010). Auditing 2.0: Using Process Mining to Support Tomorrow's Auditor. Computer (Volume:43, Issue:3.

WANG, Y., KUNG, L., & BYRD, T. A. (2018). Big Data analytics: Understanding its capabilities and potential benefits for healthcare organizations. Technological Forecasting and Social Change, 126, 3-13.

WIDJAYA, Ivan. (2019). What are the costs of big data? Disponível em: http://www.smbceo.com/2019/09/04/what-are-the-costs-of-big-data/

9 Coleção Big Data: Desvendando o Futuro dos Dados em uma Coleção Essencial.

A coleção *Big Data* foi criada para ser um guia indispensável para profissionais, estudantes e entusiastas que desejam navegar com confiança no vasto e fascinante universo dos dados. Em um mundo cada vez mais digital e interconectado, o Big Data não é apenas uma ferramenta, mas uma estratégia fundamental para a transformação de negócios, processos e decisões. Esta coleção se propõe a simplificar conceitos complexos e capacitar seus leitores a transformar dados em insights valiosos.

Cada volume da coleção aborda um componente essencial dessa área, combinando teoria e prática para oferecer uma compreensão ampla e integrada. Você encontrará temas como:

Além de explorar os fundamentos, a coleção também se projeta para o futuro, com discussões sobre tendências emergentes, como a integração de inteligência artificial, análise de texto e a governança em ambientes cada vez mais dinâmicos e globais.

Seja você um gestor buscando maneiras de otimizar processos, um cientista de dados explorando novas técnicas ou um iniciante curioso para entender o impacto dos dados no cotidiano, a coleção *Big Data* é a parceira ideal nessa jornada. Cada livro foi desenvolvido com uma linguagem acessível, mas tecnicamente sólida, permitindo que leitores de todos os níveis avancem em suas compreensões e habilidades.

Prepare-se para dominar o poder dos dados e se destacar em um mercado que não para de evoluir. A coleção *Big Data* está disponível na Amazon e é a chave para desvendar o futuro da inteligência impulsionada por dados.

9.1 Para Quem É a Coleção Big Data.

A coleção *Big Data* foi concebida para atender a um público diverso, que compartilha o objetivo de entender e aplicar o poder dos dados em um mundo cada vez mais orientado por informações. Seja você um profissional experiente ou alguém começando sua jornada na área de tecnologia e dados, esta coleção oferece insights valiosos, exemplos práticos e ferramentas indispensáveis.

1. Profissionais de Tecnologia e Dados.

Cientistas de dados, engenheiros de dados, analistas e desenvolvedores encontrarão na coleção os fundamentos necessários para dominar conceitos como Big Data Analytics, computação distribuída, Hadoop e ferramentas avançadas. Cada volume aborda tópicos técnicos de forma prática, com explicações claras e exemplos que podem ser aplicados no dia a dia.

2. Gestores e Líderes Organizacionais.

Para líderes e gestores, a coleção oferece uma visão estratégica sobre como implementar e gerenciar projetos de Big Data. Os livros mostram como utilizar dados para otimizar processos, identificar oportunidades e tomar decisões embasadas. Exemplos reais ilustram como empresas têm usado o Big Data para transformar seus negócios em setores como varejo, saúde e meio ambiente.

3. Empreendedores e Pequenas Empresas.

Empreendedores e donos de pequenas empresas que desejam alavancar o poder dos dados para melhorar sua competitividade também podem se beneficiar. A coleção apresenta estratégias práticas para usar o Big Data de forma escalável, desmistificando a ideia de que essa tecnologia é exclusiva para grandes corporações.

4. Estudantes e Iniciantes na Área.

Se você é um estudante ou está começando a explorar o universo do Big Data, esta coleção é o ponto de partida perfeito. Com uma linguagem acessível e exemplos práticos, os livros tornam conceitos complexos mais compreensíveis, preparando você para mergulhar mais fundo na ciência de dados e na inteligência artificial.

5. Curiosos e Entusiastas de Tecnologia.

Para aqueles que, mesmo fora do ambiente corporativo ou acadêmico, têm interesse em entender como o Big Data está moldando o mundo, a coleção oferece uma introdução fascinante e educativa. Descubra como os dados estão transformando áreas tão diversas quanto saúde, sustentabilidade e comportamento humano.

Independentemente do seu nível de conhecimento ou do setor em que atua, a coleção *Big Data* foi criada para capacitar seus leitores com informações práticas, tendências emergentes e uma visão abrangente sobre o futuro dos dados. Se você busca compreender e aplicar o poder do Big Data para crescer profissionalmente ou transformar seu negócio, esta coleção é para você. Disponível na Amazon, ela é o guia essencial para dominar o impacto dos dados na era digital.

9.2   Conheça os livros da Coleção.

9.2.1   Simplificando o Big Data em 7 Capítulos.

Este livro é um guia essencial para quem deseja compreender e aplicar os conceitos fundamentais do Big Data de forma clara e prática. Em um formato direto e acessível, o livro aborda desde os pilares teóricos, como os 5 Vs do Big Data, até ferramentas e técnicas modernas, incluindo Hadoop e Big Data Analytics.

Explorando exemplos reais e estratégias aplicáveis em áreas como saúde, varejo e meio ambiente, esta obra é ideal para profissionais de tecnologia, gestores, empreendedores e estudantes que buscam transformar dados em insights valiosos.

Com uma abordagem que conecta teoria e prática, este livro é o ponto de partida perfeito para dominar o universo do Big Data e alavancar suas possibilidades.

9.2.2 Gestão de Big Data.

Este livro oferece uma abordagem prática e abrangente para atender a um público diversificado, desde analistas iniciantes a gestores experientes, estudantes e empreendedores.

Com foco na gestão eficiente de grandes volumes de informações, esta obra apresenta análises profundas, exemplos reais, comparações entre tecnologias como Hadoop e Apache Spark, e estratégias práticas para evitar armadilhas e impulsionar o sucesso.

Cada capítulo é estruturado para fornecer insights aplicáveis, desde os fundamentos até ferramentas avançadas de análise.

9.2.3 Arquitetura de Big Data.

Este livro destina-se a um público diversificado, incluindo arquitetos de dados que precisam construir plataformas robustas, analistas que desejam entender como camadas de dados se integram e executivos que buscam embasamento para decisões informadas. Estudantes e pesquisadores em ciência da computação, engenharia de dados e administração também encontrarão aqui uma referência sólida e atualizada.

O conteúdo combina abordagem prática e rigor conceitual. Você será guiado desde os fundamentos, como os 5 Vs do Big Data, até a complexidade das arquiteturas em camadas, abrangendo infraestrutura, segurança, ferramentas analíticas e padrões de armazenamento como Data Lake e Data Warehouse. Além disso, exemplos claros, estudos de caso reais e comparações tecnológicas ajudarão a transformar conhecimento teórico em aplicações práticas e estratégias eficazes.

9.2.4 Implementação de Big Data.

Este volume foi cuidadosamente elaborado para ser um guia prático e acessível, conectando a teoria à prática para profissionais e estudantes que desejam dominar a implementação estratégica de soluções de Big Data.

Ele aborda desde a análise de qualidade e integração de dados até temas como processamento em tempo real, virtualização, segurança e governança, oferecendo exemplos claros e aplicáveis.

9.2.5 Estratégias para Reduzir Custos e Maximizar Investimentos de Big Data.

Com uma abordagem prática e fundamentada, esta obra oferece análises detalhadas, estudos de caso reais e soluções estratégicas para gestores de TI, analistas de dados, empreendedores e profissionais de negócios.

Este livro é um guia indispensável para entender e otimizar os custos associados à implementação de Big Data, abordando desde armazenamento e processamento até estratégias específicas para pequenas empresas e análise de custos em nuvem.

Como parte da coleção "Big Data", ele se conecta a outros volumes que exploram profundamente as dimensões técnicas e estratégicas do campo, formando uma biblioteca essencial para quem busca dominar os desafios e oportunidades da era digital.

9.2.6 Coleção 700 perguntas de Big Data.

Esta coleção foi projetada para proporcionar um aprendizado dinâmico, desafiador e prático. Com 700 perguntas estrategicamente elaboradas e distribuídas em 5 volumes, ela permite que você avance no domínio do Big Data de forma progressiva e engajante. Cada resposta é uma oportunidade de expandir sua visão e aplicar conceitos de maneira realista e eficaz.

A coleção é composta dos seguintes livros:

1   BIG DATA: 700 Perguntas - Volume 1.

Trata da informação como matéria-prima de tudo, dos conceitos fundamentais e das aplicações de Big Data.

2   BIG DATA: 700 Perguntas - Volume 2.

Aborda o Big Data no contexto da ciência da informação, tendências tecnológicas de dados e analytcs, Augmented analytics, inteligência contínua, computação distribuída e latência.

3   BIG DATA: 700 Perguntas - Volume 3.

Contempla os aspectos tecnológicos e de gestão do Big Data, data mining, árvores de classificação, regressão logística e profissões no contexto do Big Data.

4   BIG DATA: 700 Perguntas - Volume 4.

Trata dos requisitos para gestão de Big Data, as estruturas de dados utilizadas, as camadas da arquitetura e de armazenamento, Business intelligence no contexto do Big Data e virtualização de aplicativos.

5   BIG DATA: 700 Perguntas - Volume 5.

O livro trata de SAAS, IAAS E PAAS, implementação de Big Data, custos gerais e ocultos, Big Data para pequenas empresas, segurança digital e data warehouse no contexto do Big Data.

9.2.7   Glossário de Big Data.

À medida que os dados em larga escala se tornam o coração das decisões estratégicas em diversos setores, este livro oferece uma ponte entre o jargão técnico e a clareza prática, permitindo transformar informações complexas em insights valiosos.

Com definições claras, exemplos práticos e uma organização intuitiva, este glossário foi projetado para atender a uma ampla gama de leitores – desde desenvolvedores e engenheiros de dados até gestores e curiosos que buscam explorar o impacto transformador do Big Data em suas áreas de atuação.

10 Descubra a Coleção Completa "Inteligência Artificial e o Poder dos Dados" – Um Convite para Transformar sua Carreira e Conhecimento.

A Coleção "Inteligência Artificial e o Poder dos Dados" foi criada para quem deseja não apenas entender a Inteligência Artificial (IA), mas também aplicá-la de forma estratégica e prática.

Em uma série de volumes cuidadosamente elaborados, desvendo conceitos complexos de maneira clara e acessível, garantindo ao leitor uma compreensão completa da IA e de seu impacto nas sociedades modernas.

Não importa seu nível de familiaridade com o tema: esta coleção transforma o difícil em didático, o teórico em aplicável e o técnico em algo poderoso para sua carreira.

10.1 Por Que Comprar Esta Coleção?

Estamos vivendo uma revolução tecnológica sem precedentes, onde a IA é a força motriz em áreas como medicina, finanças, educação, governo e entretenimento.

A coleção "Inteligência Artificial e o Poder dos Dados" mergulha profundamente em todos esses setores, com exemplos práticos e reflexões que vão muito além dos conceitos tradicionais.

Você encontrará tanto o conhecimento técnico quanto as implicações éticas e sociais da IA incentivando você a ver essa tecnologia não apenas como uma ferramenta, mas como um verdadeiro agente de transformação.

Cada volume é uma peça fundamental deste quebra-cabeça inovador: do aprendizado de máquina à governança de dados e da ética à aplicação prática.

Com a orientação de um autor experiente, que combina pesquisa acadêmica com anos de atuação prática, esta coleção é mais do que um conjunto de livros – é um guia indispensável para quem quer navegar e se destacar nesse campo em expansão.

10.2   Público-Alvo desta Coleção?

Esta coleção é para todos que desejam ter um papel de destaque na era da IA:

✓ Profissionais da Tecnologia: recebem insights técnicos profundos para expandir suas habilidades.

✓ Estudantes e Curiosos: têm acesso a explicações claras que facilitam o entendimento do complexo universo da IA.

✓ Gestores, líderes empresariais e formuladores de políticas também se beneficiarão da visão estratégica sobre a IA, essencial para a tomada de decisões bem-informadas.

✓ Profissionais em Transição de Carreira: Profissionais em transição de carreira ou interessados em se especializar em IA encontram aqui um material completo para construir sua trajetória de aprendizado.

10.3   Muito Mais do Que Técnica – Uma Transformação Completa.

Esta coleção não é apenas uma série de livros técnicos; é uma ferramenta de crescimento intelectual e profissional.

Com ela, você vai muito além da teoria: cada volume convida a uma reflexão profunda sobre o futuro da humanidade em um mundo onde máquinas e algoritmos estão cada vez mais presentes.

Este é o seu convite para dominar o conhecimento que vai definir o futuro e se tornar parte da transformação que a Inteligência Artificial traz ao mundo.

Seja um líder em seu setor, domine as habilidades que o mercado exige e prepare-se para o futuro com a coleção "Inteligência Artificial e o Poder dos Dados".

Esta não é apenas uma compra; é um investimento decisivo na sua jornada de aprendizado e desenvolvimento profissional.

11 Os Livros da Coleção.

11.1 Dados, Informação e Conhecimento na era da Inteligência Artificial.

Este livro explora de forma essencial as bases teóricas e práticas da Inteligência Artificial, desde a coleta de dados até sua transformação em inteligência. Ele foca, principalmente, no aprendizado de máquina, no treinamento de IA e nas redes neurais.

11.2 Dos Dados em Ouro: Como Transformar Informação em Sabedoria na Era da IA.

Este livro oferece uma análise crítica sobre a evolução da Inteligência Artificial, desde os dados brutos até a criação de sabedoria artificial, integrando redes neurais, aprendizado profundo e modelagem de conhecimento.

Apresenta exemplos práticos em saúde, finanças e educação, e aborda desafios éticos e técnicos.

11.3 Desafios e Limitações dos Dados na IA.

O livro oferece uma análise profunda sobre o papel dos dados no desenvolvimento da IA explorando temas como qualidade, viés, privacidade, segurança e escalabilidade com estudos de caso práticos em saúde, finanças e segurança pública.

11.4 Dados Históricos em Bases de Dados para IA: Estruturas, Preservação e Expurgo.

Este livro investiga como a gestão de dados históricos é essencial para o sucesso de projetos de IA. Aborda a relevância das normas ISO para garantir qualidade e segurança, além de analisar tendências e inovações no tratamento de dados.

11.5 Vocabulário Controlado para Dicionário de Dados: Um Guia Completo.

Este guia completo explora as vantagens e desafios da implementação de vocabulários controlados no contexto da IA e da ciência da informação. Com uma abordagem detalhada, aborda desde a nomeação de elementos de dados até as interações entre semântica e cognição.

11.6 Curadoria e Administração de Dados para a Era da IA.

Esta obra apresenta estratégias avançadas para transformar dados brutos em insights valiosos, com foco na curadoria meticulosa e administração eficiente dos dados. Além de soluções técnicas, aborda questões éticas e legais, capacitando o leitor a enfrentar os desafios complexos da informação.

11.7 Arquitetura de Informação.

A obra aborda a gestão de dados na era digital, combinando teoria e prática para criar sistemas de IA eficientes e escaláveis, com insights sobre modelagem e desafios éticos e legais.

11.8 Fundamentos: O Essencial para Dominar a Inteligência Artificial.

Uma obra essencial para quem deseja dominar os conceitos-chave da IA, com uma abordagem acessível e exemplos práticos. O livro explora inovações como Machine Learning e Processamento de Linguagem

Natural, além dos desafios éticos e legais e oferece uma visão clara do impacto da IA em diversos setores.

11.9   LLMS - Modelos de Linguagem de Grande Escala.

Este guia essencial ajuda a compreender a revolução dos Modelos de Linguagem de Grande Escala (LLMs) na IA.

O livro explora a evolução dos GPTs e as últimas inovações em interação humano-computador, oferecendo insights práticos sobre seu impacto em setores como saúde, educação e finanças.

11.10   Machine Learning: Fundamentos e Avanços.

Este livro oferece uma visão abrangente sobre algoritmos supervisionados e não supervisionados, redes neurais profundas e aprendizado federado. Além de abordar questões de ética e explicabilidade dos modelos.

11.11   Por Dentro das Mentes Sintéticas.

Este livro revela como essas 'mentes sintéticas' estão redefinindo a criatividade, o trabalho e as interações humanas. Esta obra apresenta uma análise detalhada dos desafios e oportunidades proporcionados por essas tecnologias, explorando seu impacto profundo na sociedade.

11.12   A Questão dos Direitos Autorais.

Este livro convida o leitor a explorar o futuro da criatividade em um mundo onde a colaboração entre humanos e máquinas é uma realidade, abordando questões sobre autoria, originalidade e propriedade intelectual na era das IAs generativas.

11.13   1121 Perguntas e Respostas: Do Básico ao Complexo– Parte 1 A 4.

Organizadas em quatro volumes, estas perguntas servem como guias práticos essenciais para dominar os principais conceitos da IA.

A Parte 1 aborda informação, dados, geoprocessamento, a evolução da inteligência artificial, seus marcos históricos e conceitos básicos.

A Parte 2 aprofunda-se em conceitos complexos como aprendizado de máquina, processamento de linguagem natural, visão computacional, robótica e algoritmos de decisão.

A Parte 3 aborda questões como privacidade de dados, automação do trabalho e o impacto de modelos de linguagem de grande escala (LLMs).

Parte 4 explora o papel central dos dados na era da inteligência artificial, aprofundando os fundamentos da IA e suas aplicações em áreas como saúde mental, governo e combate à corrupção.

11.14   O Glossário Definitivo da Inteligência Artificial.

Este glossário apresenta mais de mil conceitos de inteligência artificial explicados de forma clara, abordando temas como Machine Learning, Processamento de Linguagem Natural, Visão Computacional e Ética em IA.

- A parte 1 contempla conceitos iniciados pelas letras de A a D.
- A parte 2 contempla conceitos iniciados pelas letras de E a M.
- A parte 3 contempla conceitos iniciados pelas letras de N a Z.

11.15   Engenharia de Prompt - Volumes 1 a 6.

Esta coleção abrange todos os fundamentos da engenharia de prompt, proporcionando uma base completa para o desenvolvimento profissional.

Com uma rica variedade de prompts para áreas como liderança, marketing digital e tecnologia da informação, oferece exemplos práticos para melhorar a clareza, a tomada de decisões e obter insights valiosos.

Os volumes abordam os seguintes assuntos:

- Volume 1: Fundamentos. Conceitos Estruturadores e História da Engenharia de Prompt.
- Volume 2: Segurança e Privacidade em IA.
- Volume 3: Modelos de Linguagem, Tokenização e Métodos de Treinamento.
- Volume 4: Como Fazer Perguntas Corretas.
- Volume 5: Estudos de Casos e Erros.
- Volume 6: Os Melhores Prompts.

11.16 Guia para ser um Engenheiro De Prompt – Volumes 1 e 2.

A coleção explora os fundamentos avançados e as habilidades necessárias para ser um engenheiro de prompt bem-sucedido, destacando os benefícios, riscos e o papel crítico que essa função desempenha no desenvolvimento da inteligência artificial.

O Volume 1 aborda a elaboração de prompts eficazes, enquanto o Volume 2 é um guia para compreender e aplicar os fundamentos da Engenharia de Prompt.

11.17 Governança de Dados com IA – Volumes 1 a 3.

Descubra como implementar uma governança de dados eficaz com esta coleção abrangente. Oferecendo orientações práticas, esta coleção abrange desde a arquitetura e organização de dados até a proteção e garantia de qualidade, proporcionando uma visão completa para transformar dados em ativos estratégicos.

O volume 1 aborda as práticas e regulações. O volume 2 explora em profundidade os processos, técnicas e melhores práticas para realizar auditorias eficazes em modelos de dados. O volume 3 é seu guia definitivo para implantação da governança de dados com IA.

11.18   Governança de Algoritmos.

Este livro analisa o impacto dos algoritmos na sociedade, explorando seus fundamentos e abordando questões éticas e regulatórias. Aborda transparência, accountability e vieses, com soluções práticas para auditar e monitorar algoritmos em setores como finanças, saúde e educação.

11.19   De Profissional de Ti para Expert em IA: O Guia Definitivo para uma Transição de Carreira Bem-Sucedida.

Para profissionais de Tecnologia da Informação, a transição para a IA representa uma oportunidade única de aprimorar habilidades e contribuir para o desenvolvimento de soluções inovadoras que moldam o futuro.

Neste livro, investigamos os motivos para fazer essa transição, as habilidades essenciais, a melhor trilha de aprendizado e as perspectivas para o futuro do mercado de trabalho em TI.

11.20   Liderança Inteligente com IA: Transforme sua Equipe e Impulsione Resultados.

Este livro revela como a inteligência artificial pode revolucionar a gestão de equipes e maximizar o desempenho organizacional.

Combinando técnicas de liderança tradicionais com insights proporcionados pela IA, como a liderança baseada em análise preditiva, você aprenderá a otimizar processos, tomar decisões mais estratégicas e criar equipes mais eficientes e engajadas.

11.21   Impactos e Transformações: Coleção Completa.

Esta coleção oferece uma análise abrangente e multifacetada das transformações provocadas pela Inteligência Artificial na sociedade contemporânea.

- Volume 1: Desafios e Soluções na Detecção de Textos Gerados por Inteligência Artificial.
- Volume 2: A Era das Bolhas de Filtro. Inteligência Artificial e a Ilusão de Liberdade.
- Volume 3: Criação de Conteúdo com IA - Como Fazer?
- Volume 4: A Singularidade Está Mais Próxima do que Você Imagina.
- Volume 5: Burrice Humana versus Inteligência Artificial.
- Volume 6: A Era da Burrice! Um Culto à Estupidez?
- Volume 7: Autonomia em Movimento: A Revolução dos Veículos Inteligentes.
- Volume 8: Poiesis e Criatividade com IA.
- Volume 9: Dupla perfeita: IA + automação.
- Volume 10: Quem detém o poder dos dados?

11.22   Big Data com IA: Coleção Completa.

A coleção aborda desde os fundamentos tecnológicos e a arquitetura de Big Data até a administração e o glossário de termos técnicos essenciais.

A coleção também discute o futuro da relação da humanidade com o enorme volume de dados gerados nas bases de dados de treinamento em estruturação de Big Data.

- Volume 1: Fundamentos.
- Volume 2: Arquitetura.
- Volume 3: Implementação.
- Volume 4: Administração.
- Volume 5: Temas Essenciais e Definições.
- Volume 6: Data Warehouse, Big Data e IA.

12 Sobre o Autor.

Sou Marcus Pinto, mais conhecido como Prof. Marcão, especialista em tecnologia da informação, arquitetura da informação e inteligência artificial.

Com mais de quatro décadas de atuação e pesquisa dedicadas, construí uma trajetória sólida e reconhecida, sempre focada em tornar o conhecimento técnico acessível e aplicável a todos os que buscam entender e se destacar nesse campo transformador.

Minha experiência abrange consultoria estratégica, educação e autoria, além de uma atuação extensa como analista de arquitetura de informação.

Essa vivência me capacita a oferecer soluções inovadoras e adaptadas às necessidades em constante evolução do mercado tecnológico, antecipando tendências e criando pontes entre o saber técnico e o impacto prático.

Ao longo dos anos, desenvolvi uma expertise abrangente e aprofundada em dados, inteligência artificial e governança da informação – áreas que se tornaram essenciais para a construção de sistemas robustos e seguros, capazes de lidar com o vasto volume de dados que molda o mundo atual.

Minha coleção de livros, disponível na Amazon, reflete essa expertise, abordando temas como Governança de Dados, Big Data e Inteligência Artificial com um enfoque claro em aplicações práticas e visão estratégica.

Autor de mais de 150 livros, investigo o impacto da inteligência artificial em múltiplas esferas, explorando desde suas bases técnicas até as questões éticas que se tornam cada vez mais urgentes com a adoção dessa tecnologia em larga escala.

Em minhas palestras e mentorias, compartilho não apenas o valor da IA, mas também os desafios e responsabilidades que acompanham sua implementação – elementos que considero essenciais para uma adoção ética e consciente.

Acredito que a evolução tecnológica é um caminho inevitável. Meus livros são uma proposta de guia nesse trajeto, oferecendo insights profundos e acessíveis para quem deseja não apenas entender, mas dominar as tecnologias do futuro.

Com um olhar focado na educação e no desenvolvimento humano, convido você a se unir a mim nessa jornada transformadora, explorando as possibilidades e desafios que essa era digital nos reserva.

13 Como Contatar o Prof. Marcão.

13.1 Para palestras, treinamento e mentoria empresarial.

marcao.tecno@gmail.com

13.2 Prof. Marcão, no Linkedin.

https://bit.ly/linkedin_profmarcao

www.ingramcontent.com/pod-product-compliance
Lightning Source LLC
LaVergne TN
LVHW051656050326
832903LV00032B/3849